Jack Kornfield
Offen wie der Himmel,
weit wie das Meer

Jack Kornfield

Offen wie der Himmel, weit wie das Meer

Worte der Weisheit für Vergebung und Frieden

Aus dem Amerikanischen von
Ilse Fath-Engelhardt

Kösel

Die Originalausgabe erschien unter dem Titel
*The Art of Forgiveness, Lovingkindness and
Peace* by Bantam Books, New York, 2002.

Copyright © 2002 by Jack Kornfield.
Published by arrangement with Bantam Books,
an imprint of The Bantam Dell Publishing Group,
a division of Random House, Inc.

© 2003 für die deutsche Ausgabe
by Kösel-Verlag GmbH & Co., München
Printed in Germany. Alle Rechte vorbehalten
Druck und Bindung: Kösel, Kempten
Umschlagmotiv: Mauritius/Superstock
Umschlaggestaltung: Kaselow Design, München
ISBN 3-466-34468-9

*Gedruckt auf umweltfreundlich hergestelltem Werkdruckpapier
(säurefrei und chlorfrei gebleicht)*

Dieses Buch wurde im Sommer 2001 verfasst, kurz bevor durch die tragischen Ereignisse des Terrorismus und Krieges eine weitere Welle der Gewalt über die Welt rollte.
Mögen die zeitlosen Wahrheiten und Übungen aus diesem Buch dem Wohl aller Leidtragenden dienen. Mögen alle Wesen einen Weg zum Frieden finden.

Inhalt

- 9 Eine Einladung

Vergebung — 23
- 54 Meditation zur Vergebung
- 60 Meditation für das Loslassen
- 64 Meditation für das Trauern
- 67 Meditation für das Wohlwollen

Herzensgüte — 71
- 123 Meditation der Herzensgüte
- 131 Meditation des Mitgefühls
- 137 Meditation der Dankbarkeit und Freude

Frieden — 143
- 203 Meditation der Friedfertigkeit und des Gleichmuts
- 208 Ein ozeangleicher Geist
- 210 Ein spiegelgleicher Geist
- 211 Ein universaler Geist

- 215 Danksagungen
- 216 Quellenangaben
- 218 Der Autor

Sie halten
eine Einladung in der Hand:

Durch Vergebung und Herzensgüte
kannst du Frieden mit dir und der Welt
schließen, egal wo du bist und welches
Schicksal du hast.
Die Wandlung liegt in deiner Hand.

Dieses Buch enthält zeitlose Lehren von der Liebe. Die tiefen Lebensweisheiten sind dazu da, beherzigt zu werden.
Auf ihre praktische Umsetzung kommt es an für alle, die in der heutigen Zeit leben.

Buddha sagt diese Wahrheit:

Durch Hass verschwindet kein Hass.
Allein durch Liebe geschieht Heilung.
Dieses Gesetz ist alt und unverbrüchlich.

Oft rauben einem Streitigkeiten alle Ruhe.
Wir haben das Gefühl, dass unsere Schwierigkeiten und Probleme unüberwindlich sind.
Furcht, Leid und Zorn steigen in uns auf,
greifen über auf das Leben in Familie, Beruf,
Gemeinden und zwischen den Nationen.
Wie gerne würden wir dem Leid ein Ende
bereiten.

Selbst in den schlimmsten Lagen gibt es die Freiheit der inneren Haltung.

Wer von denen, die das Konzentrationslager erlebt haben, wüsste nicht von jenen Menschengestalten zu erzählen, die da über die Appellplätze oder durch die Baracken des Lagers gewandelt sind, hier ein gutes Wort, dort den letzten Bissen Brot spendend?
Und mögen es auch nur wenige gewesen sein – sie haben Beweiskraft dafür, *dass man dem Menschen im Konzentrationslager alles nehmen kann, nur nicht: die letzte menschliche Freiheit, sich zu den gegebenen Verhältnissen so oder so einzustellen.*
Und es gab ein »So oder so«!

Viktor E. Frankl

Vergebung und Mitgefühl haben nichts mit
Schwäche oder Sentimentalität zu tun.
Sie erfordern Ehrlichkeit und Mut.
Nur durch sie lässt sich der ersehnte Frieden
herbeiführen.

Wahre Liebe ist nichts für Feiglinge.

Meher Baba

Wir wissen es in unserem Innersten: Wenn es in den buddhistischen Lehren heißt, wir würden als »Edle« geboren, dann heißt dies, dass wir alle Söhne und Töchter des Buddha sind. Zweifle nicht an deiner grundlegenden Güte. Aller Verwirrung und Furcht zum Trotz kamst du mit einem Herzen zur Welt, das weiß, was gerecht, liebevoll und schön ist.

In den Worten des analytischen Psychologen
Robert A. Johnson:

Seltsamerweise ist die Angst vor der Anerkennung
der edlen Seiten des eigenen Schattens größer
als die Neugierde auf die schädlichen Folgen
seiner Verdrängung. Die Einsicht in die eigene
grundsätzliche Güte fällt schwerer als die
Erkenntnis des eigenen Versagens.

Wer sich aufrichtig besinnt, spürt die Möglichkeit
eines mitfühlenderen, selbstbewussteren und
freieren Daseins in sich.

Könnte das Herz sich nicht aus seiner Verstrickung
von Gier, Hass und Angst lösen,
belehrte ich euch nicht darüber.

Buddha

Angst beschämt, macht wütend, streitlustig und rachsüchtig. Wenn wir Angst haben, verkrampfen sich unsere Muskeln, unsere Atmung gerät ins Stocken und unser Geist ist besessen. Wir sind außerstande, Vernunft walten zu lassen. Vergebung befreit uns aus den Fängen der Angst. Sie führt zu Verständnis und Seelenruhe.

Lebe in Freude, in Liebe,
selbst unter denen, die hassen.

Lebe in Freude, in Gesundheit,
selbst unter Kranken.

Lebe in Freude, in Frieden,
selbst inmitten von Schwierigkeiten.

Schau in dich, sei gelassen.
Frei von Furcht und Begehren,
erfahre die süße Freude des Weges.

Buddha

Wie soll das gehen?
Das Loslassen von Hass und Angst ist jederzeit erlernbar. Wir können in Frieden, Liebe und Nachsicht leben. Dazu ist es nie zu spät.
Doch Lieben ist Übungssache. Wir müssen unser natürliches Mitgefühl entwickeln und kultivieren.

Das bloße Wissen um die Möglichkeit der Liebe und Vergebung reicht nicht aus. Wir müssen uns auch an ihre Verwirklichung machen.

Wir sind noch nicht wirklich frei; uns steht es lediglich offen, frei zu sein.

Nelson Mandela

Vergebung

Traditionell
beginnt die Arbeit des Herzens
mit dem Vergeben.

Vergebung ist die Grundvoraussetzung
jeder Heilung.
Zuerst brauchen wir ein tiefes Verständnis
von Vergebung.
Dann können wir uns an die Umsetzung machen
und uns selbst und anderen gegenüber
Nachsicht üben.

Vergebung beruht auf einem Loslassen
vergangenen Leidens und Verrats,
sie befreit von der Pein des Hasses,
den wir uns aufgebürdet haben.
Vergebung führt zur eigenen Herzenswürde
zurück. Sie lässt uns in der Liebe wieder
Fuß fassen, sooft wir uns verrannt haben.
Durch Vergebung verlieren wir die Lust daran,
andere anzugreifen und ihnen Schaden
zu wünschen.
Sobald wir vergeben, ob im Privaten oder
unter Nationen, machen wir uns frei von
der Vergangenheit.

Eine Welt ohne Nachsicht ist schwer vorstellbar. Ohne Nachsicht wäre das Leben unerträglich. Ohne Nachsicht ist man an die Geschichte gefesselt, dazu verdammt, vergangenes Leid auszubaden und ständig neu zu produzieren.

Zwei ehemalige Kriegsgefangene unterhalten sich:

»Hast du deinen Feinden vergeben?«
»Das werde ich nie tun.«
»Nun, dann halten sie dich noch immer gefangen, nicht wahr?«

Wer anfängt, Nachsicht zu üben, tut dies hauptsächlich für sich.

Man selbst leidet vielleicht noch schrecklich unter
der Vergangenheit, während diejenigen,
die einen hintergangen haben, Urlaub machen.
Hassen tut weh.
Ohne Vergebung nährt man den Trugschluss,
Schmerzen ließen sich mit Hass vergelten.
Durch Vergebung lassen wir los und finden Ruhe
im Herzen.

Selbst wer sich in einer ganz schlimmen Lage
befindet, muss lernen, über die Tragödie
hinwegzukommen und zu verzeihen. Man denke
nur an die Menschen in Krisengebieten wie
Bosnien, Kambodscha, Ruanda, Nordirland oder
Südafrika. Dasselbe gilt auch für Amerika.
Es gibt keine andere Heilungschance.
Manchmal heißt das, dass wir den Mut aufbringen
müssen, uns dem Unverzeihlichen zu stellen und
die schrecklichen Gewalttaten anderer bewusst
zu vergeben.
Man muss die Vergangenheit hinter sich lassen,
egal, welche Traumas sie barg.

Was vorbei ist, ist vorbei:

> Vergebung heißt, dass man aufhört, sich eine bessere Vergangenheit zu wünschen.

Manchmal müssen wir entschieden Grenzen setzen. Möge das mit Mitgefühl geschehen, damit nicht der eigene Hass die Maßnahmen vergiftet. Dem Unglück in der Welt lässt sich mit »Seelenstärke« begegnen, wie Gandhi sagte.

Wenn du Helden suchst,
schau auf diejenigen, die Liebende bleiben,
wenn sie auf Hass treffen.
Wenn du Tapferkeit suchst,
schau auf diejenigen, die verzeihen können.

Bhagavad Gita

Denke daran:

Vergeben ist kein Zeichen von Schwäche
oder Naivität.

Vergebung erfordert Mut und Scharfsinn.
Vergeben ist nicht naiv. Oft wird fälschlicherweise
angenommen, es bedeute zugleich ein »für immer
Vergessen«. Das ist kein kluges Vergeben.

Vergeben geschieht nicht plötzlich.

Angesichts großen Unrechts kann Verzeihen ein langwieriger Prozess sein, zu dem Ratlosigkeit, Empörung, Trauer, Niedergeschlagenheit und Kummer gehören.
Wahre Vergebung tut das Geschehene nicht einfach nur oberflächlich ab. Sie darf nicht mit einem bloßen Unterdrücken oder Ignorieren von Leid verwechselt werden, das falsch ist.
Es ist ein langer, mitunter steiniger Weg aufrichtigen Trauerns und Bereuens, bis man reif genug geworden ist, wirklich zu verzeihen.

Vergeben heißt weder vergessen, noch, dass man die Vergangenheit verdammt.

Vergebung ist weise. Sie findet heraus, was ungerecht, schädlich und schlecht ist. Sie würdigt die Leiden der Vergangenheit und analysiert ihre Gründe. Zur Vergebung gehört Stärke.
Gerade Verzeihen schließt Entschiedenheit nicht aus. Wer verzeiht, kann sich vornehmen: »Ich werde niemals wieder zulassen, dass mir oder anderen solches Leid geschieht.«

Vergeben heißt nicht, dass wir mit denjenigen weiter Umgang pflegen, die uns schaden.

In manchen Fällen ist es wohl am besten, dass man die Beziehung zu einer verletzenden Person abbricht und jeglichen Kontakt mit ihr meidet. Sollte es dann im Laufe der Zeit von ihrer Seite wieder zu versöhnlichen Annäherungen kommen, heißt das nicht, dass man in die gleichen schädlichen Verhaltensweisen zurückfallen muss.

Vergeben bedeutet im Grunde einfach, dass man niemanden aus seinem Herzen verbannt.

Wenn wir die verborgene Geschichte unserer Feinde lesen könnten, dürfte darin so viel Kummer und Leid geschrieben stehen, dass wir von unserer Gehässigkeit abließen.

Henry Wadsworth Longfellow

Man muss vor allen Dingen auch lernen,
sich selbst zu vergeben.
Denn man selbst ist genauso wie alle anderen
in Leid verstrickt.
Ein ehrlicher Blick auf das eigene Leben zeigt, wie
Kummer und Leid zu Fehlverhalten geführt haben.
Auf diese Weise vermag man schließlich mit
sich Erbarmen zu haben. Ohne solches Erbarmen
macht man sich selbst zum Ausgestoßenen.

Vergangene Schmerzen wird man nicht los –
bis man sie vergebend begriffen hat.

Unser Körper hat die Wahrheit über unsere Kindheit gespeichert, und obwohl wir diese Wahrheit unterdrücken können, lässt sie sich nicht ändern. Man kann sich intellektuell etwas vormachen, die Begriffe verdrehen, die Gefühle manipulieren und seinen Körper medikamentös austricksen. Aber eines Tages wird er die Rechnung präsentieren. Denn der Körper ist so unbestechlich wie ein Kind, das freimütig weder Kompromisse noch Entschuldigungen gelten lässt. Er wird uns so lange quälen, bis wir der Wahrheit nicht mehr ausweichen.

Alice Miller

Jeder hat seine Verblendungen und Wunden.
Pema Chödrön erzählt dazu Folgendes:

Eine junge Frau schrieb, in einer Kleinstadt im
Mittleren Osten seien sie und ihre Freunde,
nur weil sie Amerikaner waren, von Passanten
umringt und beschimpft, ja sogar mit Steinen
bedroht worden.
Natürlich hatte sie fürchterliche Angst, als
schließlich etwas Entscheidendes geschah.
Urplötzlich fühlte sie sich mit allen verspotteten
und gehassten Menschen auf der Welt verbunden
und sie begriff, was es bedeutete, verachtet
zu werden: wegen seiner Rassen- oder Volks-
zugehörigkeit, seiner Homosexualität, seinem
Geschlecht oder aus welchem Grund auch immer.
Diese Nachempfindung der Situation unzähliger
unterdrückter Menschen war ein gewaltiges
Aha-Erlebnis und gab ihr eine neue Perspektive.
Sie konnte sogar diejenigen verstehen, die sie
hassten. Ein solches Gefühl tiefer Verbundenheit
mit allen Menschen ist ein Zeichen für das
Erwachen großen Erbarmens.

Alan Wallace beleuchtet diese Wahrheit aus Sicht des Tibetischen Buddhismus:

Stellen Sie sich vor, Sie wären mit zwei großen Einkaufstüten in den Armen zu Fuß unterwegs und würden von jemand so schwer angerempelt, dass Sie hinfallen und Ihre Lebensmittel weit verstreut am Boden liegen. Während Sie aus dem Scherbensalat von rohen Eiern und Tomatensaft wieder aufstehen, wollen Sie gerade brüllen: »Du Idiot hast wohl keine Augen im Kopf, wie?« Aber bevor Sie noch genügend Luft für Ihre Tirade geholt haben, sehen Sie, dass die andere Person blind ist. Auch sie ist gestürzt und sitzt nun in der Lebensmittellache. Sofort weicht Ihr Zorn großer Hilfsbereitschaft: »Sind Sie verletzt? Kann ich Ihnen helfen?«
Unsere Situation ist ähnlich. Erst wenn man klar erkennt, dass Elend und Disharmonie in der Welt auf Unwissenheit zurückzuführen sind, wird man offen für Weisheit und Mitgefühl.

Ganz gleich, was passiert ist, wir können immer zum Großmut unseres Herzens zurückfinden. Wir alle kennen Geschichten, wo das Erbarmen im Leben anderer wahre Wunder vollbracht hat. Es rührt uns jedes Mal an, und wir erinnern uns, dass auch wir verzeihen können.

Der bekannte argentinische Golfer Roberto de Vicenzo gewann einmal ein Turnier. Nachdem er vor den Kameras lächelnd einen Scheck in Empfang genommen hatte, begab er sich ins Clubhaus, um sich für den Nachhauseweg umzuziehen. Kurz darauf ging er über den Parkplatz zu seinem Auto, als ihn eine junge Frau ansprach. Sie gratulierte ihm zu seinem Sieg und klagte dann über ihr todkrankes Kind.
De Vicenzo war von ihrer Geschichte gerührt, zog den Scheck heraus und überschrieb ihn der Frau. »Lass es dem Kleinen eine Weile gut gehen«, sagte er und drückte ihr den Scheck in die Hand.
In der darauf folgenden Woche aß er im Country Club zu Mittag, als ein Angestellter des Golfclubs zu ihm an den Tisch kam. »Mir haben ein paar Mitarbeiter letzte Woche erzählt, eine junge Frau hätte Sie nach dem Turnier auf dem Parkplatz angesprochen.« De Vicenzo nickte.
»Nun«, sagte der Angestellte, »ich habe eine Neuigkeit für Sie. Die Frau ist eine Betrügerin. Sie ist weder verheiratet, noch hat sie ein krankes Baby. Sie wurden hinters Licht geführt, mein Freund.«

»Sie meinen, es gibt gar kein todkrankes Baby?«, erwiderte de Vicenzo.
»So ist es.«
»Das ist die beste Nachricht, die ich diese Woche erhalten habe«, sagte de Vicenzo.

Vergebung erleichtert das Herz, egal, unter welchen Umständen sie gewährt oder empfangen wird.
Hatte im alten Hawaii jemand ein großes Tabu gebrochen oder sich eines Verbrechens schuldig gemacht, gab es für ihn einen letzten Ausweg. Egal, was er getan hatte, wenn er es bis in den Tempel der Zuflucht schaffte, der in den Lavaklippen von Puahona lag und nur vom Meer her zugänglich war, konnte er sich bei den Priestern einem Vergebungs- und Opferritual unterziehen. Danach durfte er unbehelligt nach Hause.
Wir werden im Tempel der Vergebung an unsere eigene Güte erinnert.

Könnten wir uns doch nur dabei helfen, Tempel der Vergebung zu bauen statt Gefängnisse.
Wir können.
Von Herz zu Herz.

Wenn bei den Babembas in Südafrika ein Stammesmitglied fahrlässig gehandelt oder Unrecht getan hat, wird die betreffende Person ungefesselt zur Mitte des Dorfplatzes gebracht. Die Arbeit wird niedergelegt und alle Dorfbewohner, ob Alt oder Jung, versammeln sich in einem Kreis um sie. Dann spricht jedes Stammesmitglied mit der beschuldigten Person und erinnert sie so ausführlich wie möglich an all das Gute, das sie bisher in ihrem Leben getan hat. Alle ihre an den Tag gelegten Vorzüge, Stärken und Freundlichkeiten werden ausführlich dargelegt. Dieses Stammesritual zieht sich oft über mehrere Tage hin. Zum Schluss wird der Kreis durch ein Freudenfest aufgelöst, bei dem die Person feierlich wieder im Stamm willkommen geheißen wird.

Der Sufimeister Pir Vilayat Khan lehrt:

Lass ab von jeglicher Bitterkeit, die du wegen der
Größe des dir auferlegten Leids empfindest.
Wie die Weltmutter das kosmische Leid
ins Herz geschlossen hat, sollst auch du deinen
Weltschmerz annehmen.
Du bist berufen, dir Freude entgegenzubringen,
statt Selbstmitleid.

Egal, wie extrem die Umstände, es lässt sich ihnen einfühlsam begegnen. Als ich einmal mit dem Zug von Washington nach Philadelphia fuhr, saß ich neben einem Afroamerikaner, der früher im Auswärtigen Amt in Indien gearbeitet hatte und nun Leiter eines Jugendgefängnisses im District of Columbia war. Die Jugendlichen, die dort einsaßen, waren meist Gang-Mitglieder, die einen Mord verübt hatten.

Einmal war ein vierzehnjähriger Junge inhaftiert, der einen unschuldigen Teenager erschossen hatte, um sich in seiner Gang zu beweisen. Bei der Gerichtsverhandlung war die Mutter des Opfers anwesend. Nach der Urteilsverkündung stand sie auf und sagte ganz ruhig zu dem Verurteilten: »Ich bringe dich um.« Der wegen Mordes verurteilte Junge musste für mehrere Jahre in die Jugendstrafanstalt.
Nach einem halben Jahr begann die Mutter des ermordeten Jugendlichen den Mörder in unregelmäßigen Abständen zu besuchen. Er hatte vor seinem Gefängnisaufenthalt auf der Straße gelebt, und sie war die Einzige, die ihn besuchen kam. Sie sprachen miteinander und beim Verabschieden gab sie ihm etwas Geld für Zigaretten. Langsam

begann sie ihn in immer regelmäßigeren
Abständen zu besuchen, brachte Essen und kleine
Geschenke mit. Gegen Ende seiner dreijährigen
Haftstrafe fragte sie ihn, was er nach der
Entlassung tun würde. Er wusste es nicht recht,
also schlug sie vor, er könne in der Firma eines
Bekannten von ihr arbeiten. Schließlich fragte sie,
wo er wohnen würde, und da er keine Familie
hatte, in die er zurückkehren konnte, bot sie ihm
an, er könne vorübergehend das freie Zimmer
in ihrer Wohnung benutzen.
Er wohnte acht Monate lang bei ihr, aß ihr Essen
und arbeitete in der Firma. Eines Abends bat sie
ihn zu einem Gespräch ins Wohnzimmer. Sie
setzte sich ihm gegenüber und begann nach einer
Weile: »Erinnerst du dich an meine Worte im
Gerichtssaal, dass ich dich umbringen würde?«
»Natürlich«, antwortete er, »diesen Moment
werde ich niemals vergessen.«
»Nun, ich habe Wort gehalten«, fuhr sie fort.
»Ich wollte nicht, dass der Junge, der meinen Sohn
grundlos umgebracht hatte, am Leben blieb. Er
sollte sterben. Deshalb habe ich dich besucht und
dich beschenkt. Deshalb habe ich dir Arbeit
besorgt und dich hier in meinem Haus wohnen
lassen. Das hat dich verändert. Und jetzt gibt es

diesen alten Jungen nicht mehr. Da es nun meinen
Sohn und seinen Mörder nicht mehr gibt, würde
ich gern wissen, ob du hier bleiben möchtest.
Es gibt hier genügend Platz, und wenn du
einverstanden bist, werde ich dich adoptieren.«
Und so wurde sie für den Mörder ihres Sohns
zu jener Mutter, die er nie gehabt hatte.

Unsere Lebensgeschichte mag weniger dramatisch sein, doch wir alle haben unser Bündel zu tragen. Wir müssen dort anfangen, wo wir sind. Im Großen wie im Kleinen, ob in der Familie oder im öffentlichen Leben, immer wieder wird uns geduldiges Vergeben abverlangt.

Verschmähe nicht die Wirkung geringfügigen vernünftigen Tuns, indem du sagst:
»Das führt zu nichts.« Wie die Regentropfen den Wasserkrug füllen, wird der Weise mit der Zeit vollkommen.

Dhammapada

Meditation zur Vergebung

Es gibt eine feste Meditationsübung, durch die
sich die eigene Vergebungspraxis fördern lässt.
In ihr ist man aufgefordert, Vergebung in dreierlei
Weise zu üben. In einem buddhistischen Kloster
würde man diese Meditation hunderte Male
wiederholen, bis sie einem zur Selbstverständlichkeit geworden ist.
Setzen Sie sich aufrecht hin, schließen Sie die
Augen und atmen Sie ruhig und gleichmäßig.
Entspannen Sie sich geistig und körperlich.
Versuchen Sie nun mithilfe der Brustatmung Ihre
innerlichen Schranken aufzuspüren, das heißt die
Gefühle, die blockiert sind, weil Sie – sich selbst
und anderen – nicht vergeben haben. Lassen
Sie den Schmerz zu, der von diesen Blockaden
ausgeht. Atmen Sie ruhig und verinnerlichen
Sie die folgenden Texte, während Sie die dabei
aufkommenden Bilder und Gefühle immer
gründlicher und tiefer wahrnehmen.

Andere um Vergebung bitten:

Ich habe andere in vielfacher Weise verletzt, sie im Stich gelassen, verraten und ihnen geschadet. Ich habe ihnen vor lauter Kummer und aus Angst, Wut und Verwirrung wissentlich und unwissentlich Schmerz zugefügt.

Lassen Sie Ihre Erinnerungen zu und vergegenwärtigen Sie sich die Art und Weise, in der Sie andere verletzt haben. Machen Sie sich das Leid bewusst, das Sie aus Angst und Verwirrung zugefügt haben. Fühlen Sie Ihr Bedauern darüber. Sagen Sie sich klar, dass Sie diese Last loswerden können, wenn Sie um Vergebung bitten.
Das Aufspüren bedrückender Erinnerungen braucht seine Zeit. Nehmen Sie sich diese.
Und wer auch immer Ihnen in den Sinn kommt, sagen Sie zum anderen:

Ich bitte um Entschuldigung, bitte vergib mir.

Sich selbst vergeben.

So wie ich anderen Leid zugefügt habe, habe auch ich mir auf vielfältige Weise wehgetan und geschadet. Ich habe mich selbst wissentlich und unwissentlich in Gedanken, Worten und Taten viele Male verraten oder aufgegeben.

Nehmen Sie die Kostbarkeit Ihres Körpers und Ihres Lebens wahr. Betrachten Sie, auf welche Weise Sie sich geschadet und Kummer bereitet haben. Vergegenwärtigen Sie sich diese Situationen. Lassen Sie das Bedauern zu, das Sie darüber empfinden und mit sich herumtragen, und sagen Sie sich, dass Sie diese Last loswerden können. Verzeihen Sie sich der Reihe nach jede Wunde, die Sie sich zugefügt haben. Sagen Sie wiederholt zu sich:

Dass ich mir durch mein Tun und Lassen aus Angst, Pein und Verwirrung in vielfacher Weise geschadet habe, verzeihe ich mir von ganzem Herzen.

Anderen vergeben, die einem wehgetan oder geschadet haben

Man hat mir auf vielfältige Weise durch Gedanken, Worte und Taten wissentlich und unwissentlich Schaden zugefügt und mich ausgenutzt oder im Stich gelassen.

Jeder von uns ist betrogen worden. Vergegenwärtigen Sie sich, in wie vieler Hinsicht Sie diese Aussage bestätigen können. Nehmen Sie das Leid wahr, das Ihnen dadurch zugefügt wurde. Stellen Sie sich nun vor, dass Sie diese schwere Last loswerden können, wenn Sie sich dazu aufraffen zu verzeihen. Sagen Sie sich wiederholt:

Ich erinnere mich an viele Situationen, in denen mir andere aus lauter Wut, Angst, Schmerz und Verwirrung geschadet und Wunden zugefügt haben. Ich habe darunter lange genug gelitten. Ich vergebe den anderen, soweit ich es kann. Ich verzeihe meinen Peinigern, ich vergebe ihnen.

Wiederholen Sie die drei Wege der Vergebung geduldig, bis Ihnen leichter ums Herz geworden ist. Sollte der Schmerz überwältigend sein, sträuben Sie sich nicht gegen seine Wucht, sondern nehmen Sie einfach die ohnmächtige Wut wahr, in der Sie gefangen sind. Sehen Sie es sich nach, dass Sie noch nicht loslassen können. Vergebung lässt sich nicht erzwingen; es gibt keinen Trick dafür. Setzen Sie einfach die Übung fort und lassen Sie die Worte und Bilder ihre Wirkung tun. In dem Maß, in dem Sie die Vergebungsmeditation in Ihr Leben integrieren, werden Sie auch die Vergangenheit loslassen und der Gegenwart mit Herzensgüte begegnen können.

Zusätzliche Übungen, die das Verzeihen erleichtern

Die Praxis der Vergebung lässt sich durch die folgenden drei Betrachtungsübungen ergänzen. Es geht dabei um das Loslassen, das Trauern und das In-Einklang-Bringen. Es sind ganz einfache Übungen, doch äußerst brauchbare Techniken zur Förderung der Seelenruhe.
Lassen Sie sich bei der Durchführung dieser zusätzlichen Meditationen von Ihrer Intuition leiten. Verweilen Sie so lange wie nötig bei diesen Betrachtungen und kehren Sie erst zur Vergebungspraxis zurück, wenn Sie sich dazu bereit fühlen.

Meditation für das Loslassen

Wenn du etwas loslässt,
bist du etwas glücklicher.
Wenn du viel loslässt,
bist du viel glücklicher.
Wenn du ganz loslässt,
bist du frei.

Ajahn Chah

Ein weises Leben beruht wesentlich auf dem Loslassen. Auf dem Weg zur Befreiung sind viele Widerstände aufzugeben. Erst wenn man seine Lebensgeschichte mit allen daran geknüpften Hoffnungen und Ängsten loslässt, und allen vergangenen Kummer, kann der Geist zur Ruhe kommen und das Herz sich öffnen.

Das Loslassen ist gar nicht so schlimm, wie es unsere Befürchtungen glauben machen. Das Herz verkraftet mehr, als man meint; so verkehrt ist unser Leben gar nicht. Wenn wir aufrichtig loslassen, wird uns die Liebe im Auf und Ab des Lebens Halt geben und Heilung bringen.

Denken Sie daran: Durch das Loslassen der Dinge verliert man nicht das Wissen um sie. Sie bleiben in Erinnerung. Das Loslassen befreit von Vorstellungen und Gefühlen, von Groll und

den Ängsten, von festgehaltenen Enttäuschungen der Vergangenheit, die den Geist binden. Wenn man loslässt, lässt sich das mit dem Ausleeren einer Tasse vergleichen, man wird wieder aufnahmefähig, fühlt wieder Kraft in sich.
Wenn man etwas loslässt, bedeutet das nicht, dass man eine Abneigung entwickelt. Durch Widerwillen kann man keine Sache loslassen. Verabscheute und gefürchtete Dinge verfolgen einen insgeheim, selbst wenn man das bestreitet. Um eine Befürchtung oder ein Trauma loszuwerden, ist sein Hergang ins Auge zu fassen. Man muss es als ein so Geschehenes klar und deutlich wahrnehmen. Das Loslassen beginnt mit dem Seinlassen.
In dem Maß, in dem man lernt, das Geschehene zu gestehen, verliert es die Macht über einen; es hört auf, einen zu bedrängen.
Das Gestehen der Wahrheit verschafft Erleichterung; man bekommt wieder Luft, findet körperlich und geistig zur Ruhe. Ein solches Geständnis macht freimütig. Man kann sich dann fragen: »Muss ich das wiederholen? Muss ich an dieser ganzen Geschichte, an all diesen Frustrationen wirklich festhalten? Ist es nicht Zeit, loszulassen?« Die Antwort kommt intuitiv.

Das Loslassen hat etwas Organisches an sich.
Man spürt, was an der Reihe ist, was losgelassen
werden will. Das Loslassen lässt einen zu
schlichter Gegenwärtigkeit und aufrichtiger
Offenheit zurückfinden.
Besinnen Sie sich nun auf solche Situationen,
Gefühle und Reaktionen, die losgelassen werden
wollen. Nennen Sie sie ruhig beim Namen (Verrat,
Traurigkeit, Angst und so weiter) und scheuen Sie
nicht vor den Einzelheiten zurück. Bleiben Sie
gefasst. Atmen Sie gleichmäßig weiter. Fragen Sie
sich, ob es nicht vernünftig wäre, diese alten
Geschichten sein zu lassen. Sagen Sie sich immer
wieder ganz ruhig: *Lass los, lass los*.
Lenken Sie ein, öffnen Sie sich und lassen Sie alle
Gefühle, so wie sie aufsteigen, gleich wieder in
die Erde fließen. Sie können Ihre Gefühle
abfließen lassen wie Badewannenwasser. Spüren
Sie, wie Sie durch das Loslassen Ihrem Herzen
Luft machen, wie Sie locker werden, welche
seelische und körperliche Weite sich auftut.
Versuchen Sie nun von der Freiheit, Unschuld
und Leichtigkeit zu kosten, die diese Entspannung
mit sich bringt. Stellen Sie sich vor, dass dies in
Zukunft immer so sein kann. Sagen Sie sich dabei
wiederholt: *Lass los*. Bleiben Sie dann noch ruhig

sitzen und beobachten Sie, ob die Gefühle
zurückkehren. Wenn sie zurückkehren, atmen Sie
tief durch, so als würden Sie sich vor ihnen
verbeugen und freundlich sagen: *Ich lass dich los.*
Die Bilder und Gefühle können noch viele Male
zurückkehren, aber wenn Sie die Versenkung
weiter üben, werden sie allmählich verschwinden.
Das Vertrauen in das Loslassen wird zunehmen.
Ihre Unbeschwertheit wird langsam zunehmen,
bis sie ganz zurückgekehrt ist.

Meditation für das Trauern

Wenn sich nach einem schweren Gewitter
die Wolken verziehen, scheint es nicht so,
als hätten sie sich ausgeweint?

Ghalib

Auf einen Verlust reagiert man mit Trauer.
Es ist eine natürliche Herzensregung.
Wer trauert, lässt die Wahrheit des Schmerzes zu,
der durch einen Verrat oder eine Lebenstragödie
hervorgerufen worden ist. Wer bereit ist zu
trauern, stellt sich dem Geschehen und
verarbeitet es allmählich. Manchmal ist die Trauer
der einzige Weg, um von etwas loszukommen.
Wir brauchen Mut zum Trauern, Mut, um den
Kummer zuzulassen, der uns bedrückt.
Wir können unserer Trauer durch Weinen,
Stillschweigen, im Gebet oder durch Gesang
Ausdruck verleihen. Indem wir mit dem Schmerz
eines soeben entstandenen oder lang gehegten
Kummers in Berührung kommen, bringen wir
uns unsere menschliche Verletzlichkeit, unsere
Hilflosigkeit und Hoffnungslosigkeit zu Bewusstsein. Sie sind die Gewitterwolken des Herzens.
In den meisten traditionellen Gesellschaften gibt
es Sitten und Gebräuche, die den Menschen bei

der Bewältigung ihrer Trauer und ihrer Betrübnis helfen. Tränen sind für den Menschen wesentlich. Wenn wir uns der Trauer verschließen und nur den starken Mann oder die starke Frau spielen wollen, müssen wir immer härter kämpfen. Und wir drohen mehr und mehr zu verbittern, weil das Herz nicht mehr aus seinen Leiden lernen und daran wachsen kann.

Versenken Sie sich nun in die Trauerarbeit. Suchen Sie sich dazu alleine oder zusammen mit einem guten Freund oder einer guten Freundin Platz. Stimmen Sie sich zunächst in aller Ruhe ein und beobachten Sie Ihre Atmung. Fühlen Sie, wie sich Ihr Brustkorb hebt und senkt. Das bringt Sie Ihrer Befindlichkeit näher. Legen Sie nun eine Hand aufs Herz, ganz behutsam, so als trösteten Sie einen verletzlichen Menschen. Sie sind verletzlich.
Wenden Sie sich nun Ihrem Frust beziehungsweise Ihrem Kummer zu. Fragen Sie sich, was Sie bedrückt, während Sie ruhig weiteratmen. Lassen Sie den aufkommenden Bildern und Gefühlen ihren natürlichen Lauf. Bleiben Sie insgesamt wohlwollend. Haben Sie Geduld. Nehmen Sie die Gefühle so, wie sie kommen.

Achten Sie weiterhin auf eine ruhige Atmung.
Egal, welches Gefühl aufkommt, ob Bitterkeit,
Zorn, Liebe, Angst oder Reue, lassen Sie es
zu. Verfolgen Sie einfach, wie sich Ihre Regungen
auflösen. Geben Sie jedem Eindruck Raum. Lassen
Sie die ganze Geschichte zu. Bleiben Sie dabei
zuversichtlich und wohlwollend. Atmen Sie ruhig
weiter. Lassen Sie Herzensgüte einkehren.
Der Kummer, den wir haben, ist nichts Exklusives.
Das Leid gehört zum Lauf der Welt. Niemand
ist damit allein. Bedenken Sie das. Stehen Sie
ruhig dazu. Sie dürfen Ihren Kummer loslassen.
Sie dürfen traurig sein und weinen.
Trauer zuzulassen ist ein langer, tränenreicher
Prozess. Der Körper und das Herz wissen genau,
wie dieser Prozess auszusehen hat. Vertrauen Sie
darauf, dass alles seinen natürlichen Gang geht.
Neben der Meditation wird die Trauer auch nach
anderen Ausdrucksweisen verlangen. Manchmal
will der Schmerz aufgeschrieben, ausgerufen,
gesungen oder getanzt werden. Folgen Sie bei
Ihrer Trauerarbeit Ihrer Intuition, die das Herz
langsam zu öffnen versteht.

Meditation für das Wohlwollen

In buddhistischen Klöstern werden bei auftretenden Konflikten die Mönche und Nonnen zu einer Versenkungsübung angehalten, die wieder für Eintracht sorgen soll. Sie beginnt mit der schlichten Äußerung der Absicht, dass man sich trotz aller Verletztheit wieder vertragen will. Selbst wenn man noch nicht miteinander reden kann oder dies vielleicht noch gar nicht sollte, kann man Wohlwollen aufbringen und sich grundsätzlich aufeinander zubewegen und so zur Friedlichkeit beitragen.

Wenn man sich fest vornimmt, wieder miteinander auszukommen, sät man bewusst den Samen der Liebe und Verbindlichkeit in seinem Herzen. Beim Rezitieren der einzelnen Sätze hat man Gelegenheit, genau dort wieder mit seinem Wohlwollen anzuknüpfen, wo Streit einen auseinander gebracht hat. So setzt man den ersten Schritt auf die Brücke der Freundlichkeit auch zu jenen Menschen, von denen einen Angst und Schmerz trennen.

Setzen Sie sich bequem hin. Achten Sie auf Ihre Atmung und Ihren Körper. Tun Sie das so lange, bis Sie zur Ruhe gekommen sind. Wenden Sie sich dann der Betrachtung des Wohlwollens zu und

überlegen Sie, wie gut es doch jenen täte, die sich
zerstritten und einander entfremdet haben.
Man beginnt dort, wo man am verletzbarsten ist,
bei der Familie. Wenn man es nicht schafft,
innerhalb der eigenen Familie Wohlwollen
aufzubringen, dann wird man auch in der Welt
keinen Frieden finden.
Vergegenwärtigen Sie sich bei dieser Übung die
genannten Gruppen und Personen genau. Machen
Sie sich jeden einzelnen Satz in seiner vollen
Bedeutung klar. Vollziehen Sie zunächst die
schmerzliche Distanz zwischen den jeweiligen
Parteien nach und vergegenwärtigen Sie sich dann
die Möglichkeit ihrer Eintracht. Wohlwollen ist der
erste Schritt zum Frieden, bedenken Sie das.

Sprechen Sie die folgenden Absichten nach,
und meinen Sie auch wirklich das, was Sie sagen.
Atmen sie ruhig.

Mögen sich alle Mütter und Söhne wieder vertragen.
Mögen sich alle Mütter und Töchter wieder vertragen.
Mögen sich alle Väter und Söhne wieder vertragen.
Mögen sich alle Väter und Töchter wieder vertragen.
*Mögen sich alle Schwestern und Brüder
  wieder vertragen.*
*Mögen sich alle Ehemänner und Ehefrauen
  wieder vertragen.*
*Mögen sich alle Lebenspartner und Lebens-
  partnerinnen wieder vertragen.*
Mögen sich alle Verwandten wieder vertragen.
Mögen sich in der Arbeitswelt alle wieder vertragen.
*Mögen sich alle Gemeindemitglieder wieder
  vertragen.*
Mögen sich alle Bekannten wieder vertragen.
Mögen sich alle Frauen wieder vertragen.
Mögen sich alle Männer wieder vertragen.
*Mögen sich alle Männer und Frauen wieder
  vertragen.*
Mögen sich alle Religionsvertreter wieder vertragen.
Mögen sich alle Nationen wieder vertragen.
Mögen sich alle Menschen wieder vertragen.
Mögen sich alle Geschöpfe wieder vertragen.
Mögen sich alle Arten von Wesen wieder vertragen.

Herzensgüte

Unser größter Schutz im Leben
ist die Herzensgüte.
Buddha

Die Liebe ist ein großartiges Geheimnis.
Unermesslich, unsichtbar wie die Schwerkraft
verknüpft sie unaufhaltsam alle Dinge.

Wir sehnen uns nach dieser Liebe.
Wir möchten lieben und geliebt werden.
Wo immer wir sind,
wir können zur Liebe erwachen.

Wie eine liebende Mutter auf das Wohl
ihres einzigen Kindes bedacht ist,
so habe mit allen Wesen grenzenloses Erbarmen,
als seien es deine geliebten Kinder,
dich selbst eingeschlossen.

Buddha

Herzensgüte hilft, wo sie kann,
 ohne etwas aufzurechnen oder zu erwarten.
 Sie trennt nicht das eigene Wohlergehen
 von dem der anderen ab.
 Auf wahre Liebe ist Verlass. Unsere Liebe zu
 anderen bringt unser Vertrauen auf diese Liebe
 zum Ausdruck. Nichts kann sie aufhalten,
 ganz gleich, was geschieht.

Liebe verbindet mit dem Leben. Liebe erweitert
unseren Horizont, schafft Gemeinschaft,
macht uns anmutig und edel.
Liebe streut Blumen der Fürsorge und Taten
des Edelmuts. Sie macht schön, ganz gleich,
was mit ihr in Berührung gebracht wird.
Wir können jederzeit über unser kleines Ich
hinaus und uns als Teile eines Ganzen
in Liebe begegnen.

Wenn wir am Ende unseres Lebens Rückschau halten, wird es schlicht zwei Fragen geben: Habe ich mein Leben wirklich gelebt? Habe ich von ganzem Herzen geliebt?

Wenn ich in den Sprachen der Menschen und
Engel redete, hätte aber die Liebe nicht,
wäre ich dröhnendes Erz oder eine lärmende
Pauke. Und wenn ich prophetisch reden
könnte und alle Geheimnisse wüsste und alle
Erkenntnis hätte; wenn ich alle Glaubenskraft
besäße und Berge damit versetzen könnte,
hätte aber die Liebe nicht, wäre ich nichts.

1. Korinther 13,1-2

Manchmal haben wir das Gefühl,
nicht lieben zu können. Weil unsere Liebe
unter all dem verwirrenden Leid um uns
und in uns begraben ist.
Trotz aller Wirren müssen wir zur Liebe
zurückfinden für unseren Körper und in unseren
Herzen, innerhalb der Gemeinschaft,
in allen Dingen.

Ohne Liebe versiegt unsere Kreativität.

Ein Geschwür ist eine ungeküsste Muse, deren Ablehnung sich nun rächt. Es ist ein nicht getanzter Tanz, ein nicht gemaltes Aquarell, ein ungeschriebenes Gedicht.

John Ciardi

Unsere Gesellschaft hat vergessen,
das Lieben zu lehren.

John Gatto, der Lehrer des Jahres von
New York City, sagt dazu:

Es gibt viele Dinge, an denen unsere Nation
zugrunde geht: gnadenlose Konkurrenz,
Sexbesessenheit, die Zurschaustellung von
Gewalt, Gewinnspiele, Alkohol, Drogen,
und die schlimmste Obszönität von allen –
ein dem Konsum ergebenes Leben als
Religionsersatz.

Auch in harten Zeiten müssen wir lernen, zu lieben.

In uns allen lauern Abgründe des Verbrechens und der Zerstörung. Wir sollen sie nicht ausleben, sondern sie in uns und in anderen transformieren.

Albert Camus

Hass schadet uns.

Was aus Zorn begangen wird
endet in Schande.
Benjamin Franklin

Unsere Zeit ist zu kostbar,
um nicht zu lieben.

Angesichts der Kürze unseres Lebens,
wer wollte da noch streiten?

Buddha

Liebe übersteigt Schuld und Sühne.

Wenn nur alles so einfach wäre! Wenn es nur eine ganz besondere Sorte Menschen gäbe, die heimtückische Verbrechen begeht, bräuchte man sie bloß vom Rest der Menschheit auszusondern. Aber die Grenze zwischen Gut und Böse verläuft im Herzen eines jeden Menschen, und wer möchte schon einen Teil seines eigenen Herzens abtöten?

Alexander Solschenizyn

Einige hilfreiche Fingerzeige:

Hass ist der offensichtlichste Feind der Liebe.
Hass verhärtet die Herzen. Er hält uns so sehr in
unserem Kummer und unserem Zorn gefangen,
dass wir andere nicht mehr für Menschen halten.
Er entstellt unser Wesen.

Lass dich nie zu verbitterten Handlungen
hinreißen.
Halte dich nur an die Werkzeuge der Liebe.
Sorge stets würdig und diszipliniert für
Gerechtigkeit.

Martin Luther King Jr.

Der andere große Feind der Liebe ist die Angst.
Angst schnürt uns das Herz zusammen.
Unsere Befürchtungen und Ängste hindern uns am
Erleben unserer Liebe. Wollen wir das wirklich?

Wie der persische Dichter Hafiz so wunderbar
sagt:

Angst ist das schäbigste Zimmer im Haus.
Ich sähe dich lieber besser untergebracht.

Es gibt auch weniger offensichtliche Feinde
der Liebe, die sie imitieren. Es sind dies die
Zuneigung und die Erwartung.
Wenn die Zuneigung an die Stelle der Liebe tritt,
erscheinen die anderen so, als hätten sie
nichts mit einem zu tun. Die Zuneigung stellt
Bedingungen auf; sie möchte bestimmen und
fürchtet zu verlieren. Frage dich tief im Innern,
ob die Zuneigung die Liebe verdrängt hat.
Dein Herz sagt dir stets die Wahrheit, wenn es
aufrichtig gefragt wird.

Auch die Erwartung tritt im Gewand der Liebe auf.
Wir sorgen für andere, und wollen doch nur,
dass sie sich unseren Vorstellungen entsprechend
verändern. Wenn wir an unseren Hoffnungen
und Wünschen festhalten, und seien es auch nur
ganz leise Erwartungen, verschließen wir uns
den zarten Regungen der Liebe. Selbst die
bestgemeinten Erwartungen können andere unter
Druck setzen und von ihnen als Bevormundung
empfunden werden.

Die Liebe gibt sich bedingungslos.
Sie ist an sich erfüllend. Sie ist couragiert.
Die Liebe verlangt keine Gegenleistung
für ihre Freundlichkeit.

Liebe ist nicht schwach.

In dieser Welt gibt es zwei Arten von Starksein. Einmal, indem nicht davor zurückgeschreckt wird zu töten. Zum anderen, indem man es wagt zu lieben.

Wenn es um ein großes Anliegen geht – und der Weltfrieden ist ein gewaltiges Anliegen –, dann müssen wir auch zu den entsprechenden Mitteln greifen. Gegen die drohende Zerstörung und Vernichtung der Welt gibt es nur eine Waffe, und das ist die Liebe, die in jedem von uns wohnt. Um auf der Seite des Lebens zu stehen, müssen wir uns selbst überwinden.

Dorothy Day

Die Liebe baut auf unsere Fähigkeit der Selbst-
überwindung, dass wir trotz unserer Angst
auf eine Wirklichkeit vertrauen können,
die jenseits all unserer Schwierigkeiten liegt.
Die Liebe lässt sich nicht festlegen.

Manchmal bedeutet Liebe Standhaftigkeit,
manchmal auch Loslassen
oder Seinlassen.
Sie sprießt überall dort, wo Großmut
an die Stelle der Angst tritt.

In unseren engsten Beziehungen, wo wir
am verletzlichsten sind, fällt das Lieben nicht
immer leicht.
Als Mutter Teresa einmal ein Interview für die
British Broadcast Corporation gab, merkte die
Reporterin ihr gegenüber an, dass der Dienst
am Nächsten ihr sicher leichter falle als Normal-
bürgern. Schließlich habe sie kein Haus, kein
Auto, keine Versicherung und keinen Ehemann.
»Das stimmt nicht«, antwortete Mutter Teresa.
»Ich bin auch verheiratet.« Sie zeigte auf ihren
Ring, den die Nonnen in ihrem Orden als Symbol
für ihre Ehe mit Christus zu tragen pflegen.
Dann fügte sie hinzu: »Und er kann manchmal
ziemlich schwierig sein!«
Wenn es für Mutter Teresa mitunter schwierig war,
dann dürfte das wohl auf uns alle zutreffen.

Liebe ist nicht sentimental.

In einer würdigen zwischenmenschlichen Beziehung, in der zu Recht von *Liebe* die Rede sein kann, verfeinert sich die gegenseitige Offenheit der Partner. Ihre Liebe führt sie zu immer wahrhaftigeren Begegnungen. Nur so lassen sich Selbsttäuschung und Isolation überwinden.

Adrienne Rich

Und doch ist Liebe etwas sehr Einfaches.
»Herzensgüte«, sagt der Dalai Lama,
»lässt sich wohl am ehesten mit dem Begriff
der Freundlichkeit erklären.«

Wie man in den Wald hineinruft, so schallt
es heraus. Die eigene Freundlichkeit spielt
im zwischenmenschlichen Bereich eine
entscheidende Rolle:

Ein Reisender näherte sich den Toren einer
fremden Stadt. Da saß am Straßenrand eine weise
alte Frau, die rief ihm zu: »Willkommen!«
»Wie sind denn die Menschen hier?«, wollte der
Fremde von ihr wissen.
»Wie waren sie denn in deiner Heimatstadt?«
»Ach, es war schwer mit ihnen auszukommen.
Sie zerrissen sich das Maul über einen,
waren niederträchtig und oft egoistisch.«
»Nun, die Menschen hier sind ähnlich.«
Später kam ein anderer Fremder vorbei und
wurde von der alten Frau begrüßt.
»Wie sind denn die Menschen hier?«, fragte sie
auch der zweite Reisende.
»Wie waren sie denn in deiner Heimatstadt?«
»Es waren prima Leute. Ich kam gut mit ihnen
zurecht. Sie waren fleißig und aufgeschlossen.«
»Nun, die Menschen hier sind ähnlich.«

Liebe geht ins Detail.

Im zweiten Monat meiner Krankenschwestern-
ausbildung schrieben wir einmal einen Test.
Als gewissenhafte Schülerin hatte ich den
Fragebogen im Nu ausgefüllt, bis auf die letzte
Frage. Die lautete: »Wie heißt die Reinigungskraft
an der Schule mit Vornamen?«
Das musste wohl ein Scherz sein. Ich kannte
die Putzfrau zwar vom Sehen. Sie war groß,
dunkelhaarig, um die fünfzig Jahre alt.
Aber woher sollte ich ihren Vornamen kennen?
Ich gab mein Blatt ab; die Stelle hinter der
letzten Frage war leer geblieben.
Später im Unterricht fragte eine Mitschülerin,
ob sich die Beantwortung der letzten Frage auf
die Benotung der Arbeit auswirken würde.
»Selbstverständlich«, sagte die Lehrerin.
»In Ihrem Beruf werden Sie mit vielen Menschen
zu tun haben. Sie alle sind wichtig und verdienen
Ihre Aufmerksamkeit, selbst wenn es nur ein
Lächeln oder ein Hallo sein sollte.«
Ich habe diese Lektion nie vergessen.
Ihr Name war Dorothy.

Joanne C. Jones

Wie weit du im Leben kommst, wird davon
abhängig sein, wie weit du zärtlich mit
den Kleinen umgegangen bist, mitfühlend mit
den Alten, Anteil nehmend mit denen,
die sich anstrengen, und geduldig mit den
Schwachen und den Starken. Denn eines Tages
wirst du dies alles gewesen sein.

George Washington Carver

Güte sieht mit dem Herzen:

Die Heiligen sind nicht aufgrund
der Wertschätzung anderer heilig,
sondern weil ihre Tugend sie in die Lage versetzt,
jedermann wertzuschätzen.

Thomas Merton

Wenn wir uns von der Liebe leiten lassen,
spricht sie aus allem, was wir tun.

Es gibt keine niedrigen äußeren Arbeiten,
wenn das innere Werk groß ist.

Meister Eckhart

Seit der Zeit Buddhas hat man den reichen Segen
gerühmt, der aus der Praxis der Herzensgüte
entspringt.
Hier sind einige Aspekte:

Du träumst süß.
Du schläfst leicht ein.
Du wachst zufrieden auf.
Deine Gedanken sind wohltuend.
Deine Gesundheit nimmt zu.
Engel und gute Geister werden dich lieben
   und beschützen.
Tiere werden deine Liebe spüren und dir
   nichts tun.
Überall werden dich die Menschen
   willkommen heißen.
Deine Kinder werden glücklich sein.
Wenn du etwas verlierst, wirst du es wiederfinden.
Wenn du eine Klippe hinunterstürzt, wird ein
   Baum da sein, der dich auffängt.
Die Welt um dich herum wird friedvoller sein.

Reine Liebe ist unbesiegbar und unwiderstehlich,
sie festigt und erschließt, bis sie jeden rührt,
dem wir begegnen.

Meher Baba

Erweitern Sie Ihr Wohlwollen, bis es die ganze Welt und alle Menschen umfasst ...

Was wäre der Mensch ohne Tiere? Ohne Tiere würden die Menschen vor Einsamkeit sterben. Ihrer beider Wohlergehen hängt voneinander ab.

Häuptling Seattle

...Das gilt bis hin zu den kleinsten Lebewesen.

Ein Käfer krabbelt über das Papier.
Lass ihn.
Wir brauchen möglichst viele Leser.

Lloyd Reynolds

Vergessen Sie nicht, sich einzuschließen.

Mangelndes Selbstwertgefühl gehört
zu den größten Hindernissen der Herzensgüte.
Wer sich selbst ausschließt, hat die Liebe
und das Mitgefühl noch nicht begriffen.

Liebe und Mitgefühl müssen mit Freundlichkeit
gegenüber sich selbst beginnen.

Selbst wer alle Winkel im Universum durchsucht,
wird doch niemanden finden,
der mehr Liebe verdient hätte als er selbst.
Da dies jedem so ergeht,
dass er sich selbst am meisten schätzt,
verletze durch deinen Selbstrespekt
kein anderes Wesen.

Buddha

Herzensgüte lässt auf natürliche Weise Mitgefühl
entstehen. Das achtsame Herz weiß,
den eigenen Schmerz und den der anderen
mit Nachsicht zu nehmen.

Nur ein achtsames, aufgeschlossenes Herz
kann die Welt verändern.

Chögyam Trungpa

Wenn man Schmerzen wahrnimmt, an sich selbst oder an anderen, ist Mitgefühl eine natürliche Herzensregung. Echtes Mitgefühl geht über jedes säuberlich abgesteckte Mitleid hinaus; es kennt keine Angst vor dem Überwältigtwerden. Wer zur Kraft des Mitgefühls in seinem Herzen gefunden hat, entdeckt, dass er fähig ist, Freud und Leid in der Welt gleichermaßen würdig zu begegnen.

Herzensgüte erfreut und erquickt die Wesen sonnengleich.
Sie ist so erhebend schön wie ein Regenbogen.

Tarthang Tulku

Liebe und Mitgefühl scheinen sich zunächst nicht auszuzahlen. Trotzdem dient unsere Liebe nicht »nur« den anderen, sondern auch uns selbst. Liebe verbindet. Sie wandelt Teilnahmslosigkeit in Anteilnahme. Unser Mitgefühl macht uns zu Leidensgenossen.
Wenn wir uns in unserer Verletzlichkeit einander anvertrauen und achten, sagen uns die Liebe und das Mitgefühl auf ganz natürliche Weise, was zu tun ist. Dann werden sie uns so selbstverständlich wie das Atmen.

Mitgefühl ist ein Tunwort.
Thich Nhat Hanh

Wir sind von Mitgefühl umgeben.

Als das World Trade Center brannte, brachte ein
Mann einen Arbeitskollegen 68 Stockwerke
im Rollstuhl hinunter, Stufe um Stufe. Sie kamen
rechtzeitig hinaus.
Ein anderer Mann ließ Hunderte von Menschen
vor sich hinuntergehen, während er nasse Papier-
handtücher als Rauchmasken an sie austeilte.
Und während die Büroangestellten das Gebäude
verließen, eilten Feuerwehrleute und Polizisten
als mutige Helfer hinein.
Überall auf der Welt gibt es tapfere,
hilfsbereite Menschen, die dort, wo es nötig ist,
Taten sprechen lassen.

Einem liebenden Herzen ist nichts zu gering;
es liebt ohne Unterschied.

Wichtige Werke sind nicht nur Heldentaten, große Gesten und riesige Stiftungen. Nützliches tut auch, wer seine Liebe in kleinen Dingen ausdrückt. Auch Selbstverständlichkeiten wie ein ermutigendes Wort, ein aufmunterndes Lächeln oder ein tröstender Blick im richtigen Augenblick sind große Hilfen, selbst wenn das zunächst nicht so den Anschein erweckt. Für sich genommen erscheint alles klein, aber das Leben setzt sich eben aus vielen Kleinigkeiten zusammen.
Würden sie allesamt ignoriert, wäre das Leben nicht nur unangenehm, sondern unerträglich.

Meher Baba

Eine zuvorkommende Geste kann viel bewirken.

Im Wirtshaus sitzen zwei Gäste an einem Tisch. Das Essen ist bereits bestellt und jeder hat eine kleine Karaffe Wein vor sich stehen. Bevor sie mit dem Essen beginnen, bietet der eine Gast seinem Tischnachbarn Wein an. Dieser nimmt an und revanchiert sich, indem er nun seinerseits Wein anbietet und dem anderen mit seiner Erlaubnis eingießt. Rein rechnerisch hat sich also nichts geändert. Keiner hat mehr Wein als zuvor. Aber die beiden sind sich durch ihre zuvorkommende Geste näher gekommen, haben eine Verbindung geknüpft, die vorher nicht da war.

Liebe und Mitgefühl sind nicht im Alleinbesitz
irgendeiner Gruppe oder religiösen Institution.
Sie durchdringen den menschlichen Geist,
wohnen in jeder Körperzelle. Die einzige
Nahrung, die sie brauchen, ist unser ehrliches
und aufrichtiges Interesse.

Verständnis, Liebe und Intelligenz sind nicht
das Verdienst irgendeiner Tradition, egal,
wie altehrwürdig und eindrucksvoll sie ist.
Ihr Auftreten ist zeitlos. Sie gedeihen überall dort,
wo sich Menschen Fragen stellen, sich wundern,
zuhören und beobachten, ohne vor etwas Angst
zu haben. Wenn die Sorge ums Ich schweigt,
in der Schwebe ist, sind Himmel und Erde offen.

Toni Packer

Herzensgüte gibt einem die Kraft, den Alltag zu bestehen. Sie macht frohgemut und genügsam. Die Freigebigkeit und Offenheit der Liebe gereichen in jeder Lebenslage und in jeder Begegnung zum Segen.

Es gibt keine Sorge und keine Schwierigkeit, die sich nicht durch Liebe meistern ließe;
keine Entfernung, die die Liebe nicht überbrücken könnte;
kein Hindernis, das der Liebe standhielte.

Ich stehe am Bett einer jungen Frau, deren Mund durch eine Lähmung verzogen ist. Ihr ist bei einer Gesichtsoperation ein kleiner für die Mundmuskulatur zuständiger Nervenast durchtrennt worden. Das wird von nun an so bleiben. Ich versichere Ihnen, dass ich als Chirurg bei dieser Operation mit allergrößter Sorgfalt vorgegangen bin. Trotzdem musste ich diesen kleinen Nerv durchschneiden, um den Tumor zu entfernen.
Der junge Ehemann ist mit im Zimmer. Er steht an der anderen Seite ihres Bettes, und die beiden scheinen im Schimmer der Nachtlampe nur füreinander da zu sein. »Wie wohl die beiden Turteltauben damit fertig werden, mit diesem schiefen Mund?«, frage ich mich.
Die Frau wendet sich mir zu und fragt:
»Wird mein Mund immer so bleiben?«
»Ja«, antworte ich. »Ihnen ist ein Nerv durchtrennt worden.«
Sie nickt und schweigt. Doch der junge Mann lächelt.
»Ich mag es«, sagt er. »Es sieht irgendwie verschmitzt aus.«
In diesem Augenblick begreife ich seine Größe. Ich senke den Blick. Man ist nicht aufdringlich in der Gegenwart eines großen Menschen.

Er achtet nicht weiter auf meine Anwesenheit, beugt sich hinunter, um ihren schiefen Mund zu küssen. Und ich werde Zeuge, wie er seine Lippen so wie die ihren verzieht, um ihr zu beweisen, dass das Küssen noch bestens funktioniert. Mir kommen die Götter des antiken Griechenlands in Erinnerung, die in Menschengestalt erschienen, und ich staune über ein solches Wunder.

Dr. Richard Selzer

Liebe finden wir nur dort, wo wir sind.
Liebe ist »näher als nah«.

Du bist auf der Suche nach dem Heiligen?
Ich sitze neben dir.
Schulter an Schulter.

Kabir

Liebe hat etwas Unschuldiges, erlaubt helle Freude und kindliches Vergnügen.

Mir schickte einmal ein kleiner Junge eine Karte mit einer bezaubernden Zeichnung darauf. Ich liebte sie. Briefe von Kindern pflege ich immer zu beantworten – manchmal sehr flüchtig –, aber diese Karte hatte es mir angetan. Ich zeichnete für ihren Urheber eigens eine Monsterkarte und schrieb: »Lieber Jim: Deine Karte fand ich klasse.« Später schrieb mir seine Mutter zurück: »Jim freute sich so sehr über Ihre Karte, dass er sie aufaß.« Das war für mich eines der größten Komplimente, die ich je erhalten hatte. Ihm war völlig egal, dass es sich um eine echte Maurice-Sendak-Zeichnung handelte, oder was auch immer. Er sah es, war begeistert und aß es auf.«

Maurice Sendak

Liebe ist mehr als ein Ideal.
Liebe ist leidenschaftlich, großzügig, offen
und direkt.

Wer Gutes tun will, muss dies in den kleinsten
Kleinigkeiten tun. Als generelle Wohltäter rühmen
sich Scheinheilige, Schmeichler und Schurken.

William Blake

Liebe tritt nicht großspurig auf. Sie ist bescheiden
und flexibel wie das Wasser.
Liebe versucht nicht die ganze Welt in Ordnung
zu bringen. Es genügt ihr, überall die Samen
der Freundlichkeit und Gerechtigkeit zu säen.

Ich fühle mich nicht für die Menge verantwortlich;
ich sehe auf den Einzelnen. Man kann sich
immer nur einem Menschen ganz zuwenden –
erst diesem, dann diesem, dann diesem.
So beginnt es.
Ich begann mit der Betreuung eines einzigen
Menschen. Hätte ich mich nicht um diesen einen
Menschen gekümmert, dann wäre meine Hilfe
auch keinem der zweiundvierzigtausend zugute
gekommen.
Meine Arbeit ist nicht mehr als ein Tropfen im
Meer. Es ist zwar nur ein Tropfen, aber dieser
Tropfen zählt. Das gilt für jeden anderen auch,
für die Familie, für die Gemeinschaft, in der du
lebst. Fang einfach an – eines nach dem anderen.

Mutter Teresa

Oh Menschenkind, besinne dich auf deine Herzensgüte. Vertraue ihr, achte sie, folge ihr. Sie wird dir Frieden bringen.

Ich bin größer und besser, als ich gedacht hätte. Ich hatte keine Ahnung, dass sich so viel Güte in mir birgt.

Walt Whitman

Meditation der Herzensgüte

In dieser Meditation sollen durch ansprechende Worte und Bilder Freundlichkeit und Herzensgüte hervorgerufen werden, für sich selbst und andere. In jedem der zu rezitierenden Sätze ist die Absicht der Liebe anders ausgedrückt, damit sie sich auf vielfältige Weise im Gemüt verankern kann.
Mit einem liebevollen Herzen kommt mehr Fluss ins Leben, wird alles, was man angeht, werden alle Begegnungen offener und wesentlicher.

Für die Meditation der Herzensgüte brauchen
Sie zunächst nichts weiter als eine durchgehende
gute Viertelstunde Ruhe. Setzen Sie sich
bequem hin und entspannen Sie sich körperlich
und geistig. Klammern Sie vorübergehend
Ihre Tagesplanung aus.
Beginnen Sie mit sich selbst. Atmen Sie in aller
Ruhe und sagen Sie sich im Stillen die folgenden
Herzenswünsche. Man beginnt bei sich selbst,
weil man ohne Liebe zu sich selbst andere
schlecht lieben kann.

Möge ich von Herzensgüte erfüllt sein.
Möge ich inneren und äußeren Gefahren trotzen.
Möge ich körperlich und geistig gesund sein.
Möge ich unbeschwert und glücklich sein.

Beziehen Sie die Wünsche liebevoll auf sich in
Ihrem gegenwärtigen Zustand. Eventuell kommt
Ihnen aber auch ein Erinnerungsbild in den Sinn,
auf das Sie sich lieber beziehen – vielleicht fällt
es Ihnen beispielsweise leichter, sich als ein liebes
kleines Kind zu sehen. Lassen Sie Veränderungen
zu, wenn sie sich im Laufe der Wiederholungen
anbieten. Vergegenwärtigen Sie sich so, wie es
Ihnen am liebsten ist. Und formulieren Sie
die Sätze so, wie es Ihre Herzensgüte vorgibt.
Lassen Sie Ihre Freundlichkeit durch Körper und
Geist strömen. Üben Sie diese Meditation,
bis Ihr Gefühl der Selbstliebe zunimmt. Das
kann Wochen dauern.
Manchmal fühlt sich die Übung vielleicht auch
etwas mechanisch oder völlig absurd an. Es
können auch der Herzensgüte entgegengesetzte
Gefühle aufkommen, wie Ärger und Wut. Wenn
das der Fall ist, sollten Sie unbedingt Geduld
mit sich haben und sich weiterhin wohlgesonnen
bleiben. Ganz gleich, was in Ihnen auftaucht,
nehmen Sie es freundlich und gelassen zur
Kenntnis.

Wenn Sie das Gefühl haben, warmherziger
geworden zu sein, können Sie die Meditation
erweitern und andere Menschen mit einbeziehen.
Fangen Sie das nächste Mal zwar wieder mit sich
selbst an, wenden Sie sich dann aber – nach
etwa fünf bis zehn Minuten – einem Wohltäter,
einer Wohltäterin zu – jemand aus Ihrem Leben,
der Sie liebt und sich wirklich um Sie gekümmert
hat. Stellen Sie sich diese Person vor und sprechen
Sie mit Bedacht:

Mögest du von Herzensgüte erfüllt sein.
Mögest du inneren und äußeren Gefahren trotzen.
Mögest du körperlich und geistig bei guter
   Gesundheit sein.
Mögest du unbeschwert und glücklich sein.

Vertiefen Sie die Meditation mithilfe Ihrer
angenehmen Erinnerungen an Ihren Wohltäter.
Die Erinnerungen dürfen ruhig auch
verschwommen sein oder verschwimmen.
Sie wechseln im Laufe der Meditation. Setzen Sie
einfach Ihre Praxis der guten Wünsche fort.
Säen Sie Ihre guten Absichten weiter aus,
indem Sie die Sätze freundlich wiederholen,
egal, was in Ihnen aufsteigen mag.

Wenn man seinen Wohltätern gegenüber Dankbarkeit zum Ausdruck bringt, ist dies eine natürliche Form der Liebe. Tatsächlich fällt es manchen Menschen so schwer, sich selbst zu lieben, dass sie die Übung zunächst lieber mit einem Wohltäter beginnen. Auch das ist in Ordnung. Bei der Praxis der Herzensgüte sollte man den Weg einschlagen, auf dem sich das eigene Herz am leichtesten erschließt.

Wenn die Herzensgüte für den Wohltäter
zugenommen hat, kann man langsam damit
anfangen, andere geliebte Menschen in die
Meditation mit aufzunehmen.
Vergegenwärtigen Sie sich der Reihe nach
jede geliebte Person, die Ihnen einfällt,
und richten Sie Ihre Herzensgüte auf sie,
während Sie sich die Sätze im Stillen sagen.
Später können Sie dann auf die gleiche Weise
immer mehr mit einbeziehen: indem Sie zunächst
den Bekanntenkreis durchgehen und ihnen der
Reihe nach Gutes wünschen, dann die Nachbarn,
Menschen überall, Tiere, die ganze Erde,
alles, was ist.
Schließlich sollte man ausdrücklich die Menschen
mit einbeziehen, mit denen man Schwierigkeiten
hat, selbst seine Feinde, und auch ihnen jeweils
wünschen, dass sie durch Herzensgüte und
Frieden erfüllt werden. Das erfordert Übung.
Aber je mehr sich Ihr Herz gegenüber geliebten
Menschen und Freunden öffnet, desto größer wird
der Wunsch, niemanden ausschließen zu wollen.

Die Meditation der Herzensgüte kann überall
ausgeführt werden: selbst im Verkehrsstau,
im Bus oder im Flugzeug. Wer diese Meditation
in der Öffentlichkeit still übt, wird sich plötzlich
weniger allein fühlen – das bewirkt die Kraft
der Herzensgüte. Sie beruhigt und gibt
Selbstvertrauen.

Andere Übungen zur Förderung der Herzensgüte:

Dankbarkeit, Freude und Mitgefühl beflügeln das Werk der Herzensgüte. Die Praxis des Mitgefühls bringt uns unsere natürliche Anteilnahme am Leid der Welt zu Bewusstsein. Und wenn wir der Dankbarkeit und Freude in uns Raum geben, gleichen sie den Schmerz des Mitgefühls aus und erwecken in uns Großzügigkeit und Anmut.
Gehen Sie intuitiv an diese Meditationen heran, und schöpfen Sie daraus, wann Ihnen danach ist.

Meditation des Mitgefühls

Das menschliche Herz ist in der glücklichen Lage, die Sorge ums eigene Dasein in den großen Strom des Mitgefühls münden lassen zu können. Mitgefühl besteht in der Kraft gütiger Einfühlung in das Leid der Welt. Es kommt überall dort zum Tragen, wo wir uns erlauben, die Bedürfnisse und Schwierigkeiten anderer wahrzunehmen.

Sitzen Sie bequem und in aufrechter Haltung. Atmen Sie ruhig und gleichmäßig und spüren Sie Ihren Körper, Ihren Herzschlag, Ihre Lebendigkeit. Nehmen Sie wahr, wie Sie Ihr Dasein schätzen, wie Sie sich vor jedem Leid bewahren wollen. Tun Sie das eine Weile. Vergegenwärtigen Sie sich dann eine nahe stehende, von Ihnen sehr geliebte Person. Nehmen Sie Ihr sofort aufkommendes natürliches Interesse wahr. Spüren Sie, wie sich Ihr Zartgefühl meldet. Denken Sie dann daran, welchen Belastungen diese geliebte Person ausgesetzt ist, wie viel sie zu leiden hat. Spüren Sie, wie Sie augenblicklich Anteil nehmen und diesen geliebten Menschen trösten wollen.

Es ist eine natürliche Herzensreaktion. Beginnen Sie nun Ihr Mitgefühl durch die folgenden Sätze zu vertiefen:

Möge dich Mitgefühl erhalten.
Mögest du frei von Kummer und Leid sein.
Mögest du ausgeglichen sein.

Wiederholen Sie die Sätze und bewegen Sie sie dabei in Ihrem Herzen.
Nachdem Sie sich Ihrer tiefen Fürsorge für den geliebten Menschen bewusst geworden sind, üben Sie Mitgefühl mit sich selbst, indem Sie eine Weile das Ausmaß Ihrer eigenen Sorgen nachvollziehen, während Sie die folgenden Sätze wiederholen:

Möge mich Mitgefühl erhalten.
Möge ich frei von Kummer und Leid sein.
Möge ich ausgeglichen sein.

Erweitern Sie nun Ihr Mitgefühl, indem Sie sich der Reihe nach andere Menschen vergegenwärtigen, die Sie lieben. Rufen Sie sich in Erinnerung, dass auch sie es schwer haben, und wünschen Sie ihnen Wohlergehen.

Möge dich Mitgefühl erhalten.
Mögest du frei von Kummer und Leid sein.
Mögest du ausgeglichen sein.

Bringen Sie nun Ihre Anteilnahme noch weiter zum Ausdruck: Üben Sie Ihr Mitgefühl angesichts des Leids Ihrer Freunde, Ihrer Nachbarn und Ihrer Mitbürger. Haben Sie Mitgefühl mit allen Leidtragenden, und schließen Sie Schritt für Schritt auch alle diejenigen ein, mit denen Sie Schwierigkeiten haben, bis hin zu Ihren Feinden, sodass Ihr Mitgefühl schließlich alle Wesensbrüder und -schwestern erreicht.

Vergegenwärtigen Sie sich, wie jedes Wesen Sie in seiner Schönheit erfreut und wie traurig Sie dessen Leid stimmt. Spüren Sie Ihre zärtliche Verbundenheit mit der gesamten Natur.

Lassen Sie nun Ihr Herz zu einem Transformator für das Leiden in der Welt werden. Fühlen Sie, wie sich Ihre Brust beim Atmen hebt und senkt, und stellen Sie sich vor, es wäre Ihr Herz, das atmet. Stellen Sie sich weiter vor, es könnte durch seine Güte mit jedem Atemzug Leid aufnehmen und Mitgefühl ausströmen.

Beginnen Sie damit, das Leid der Lebewesen zu transformieren. Atemzug für Atemzug kommt Ihr Herz beim Einatmen mit ihrem Leid in Berührung und verwandelt es beim Ausatmen in Mitgefühl. Beim Ausatmen wünschen Sie allen Lebewesen Wohlergehen und vertiefen so Ihre Anteilnahme und Hilfsbereitschaft:

Möge euch Mitgefühl erhalten.
Möget ihr frei von Kummer und Leid sein.
Möget ihr ausgeglichen sein.

Während Sie ruhig weiteratmen, stellen Sie sich Ihr Herz als ein reinigendes Feuer vor, das mit seinen milden Strahlen alle Schmerzen der Welt erfassen und auflösen kann. Nähren Sie dieses Feuer des Mitgefühls in Ihrer Brust und seien Sie barmherzig mit sich selbst. Was auch immer Sie quält, vertrauen Sie alle Hindernisse zum Mitgefühl dem heilsamen Feuer an und Ihr Herz findet nach und nach zu seiner ursprünglichen Großzügigkeit, Offenheit und Furchtlosigkeit zurück.

Wenn Sie das Gefühl haben, mit der Praxis fortfahren zu können, atmen Sie die Leiden der Hungernden ein, die Leiden der Menschen in Krisenregionen, die Leiden der Dummheit. Und beim Ausatmen lassen Sie diesen Lebewesen mit jedem Mal den heilsamen Balsam des Mitgefühls zuteil werden. Setzen Sie die Übung fort, indem Sie Leiden der unterschiedlichsten Lebewesen einatmen, wie Sie Ihnen in den Sinn kommen, und heilsames Mitgefühl ausatmen. Heißen Sie, so wie die Weltmutter, die ganze Natur in Ihrem Herzen willkommen, indem Sie beim Einatmen zu allen Wesen Kontakt aufnehmen und Ihnen beim Ausatmen den Segen des Mitgefühls geben.
Bringen Sie die Übung zum Abschluss, indem Sie noch eine Weile einfach auf Ihren Atem und Ihren Herzschlag achten als ein Zentrum des Mitgefühls inmitten der Welt.

Gehen Sie die Praxis des Mitgefühls intuitiv an.
Sie kann manchmal sehr schwer fallen,
wenn einen das Leid zu überwältigen droht.
Denken Sie daran: Sie sollen das Leid nicht
»aus der Welt schaffen«, sondern ihm mit einem
mitfühlenden Herzen begegnen. Bleiben Sie
dabei entspannt und nachsichtig mit sich selbst.
Nehmen Sie Ihre Atmung wahr. Es gibt nichts,
was zu verteidigen wäre oder abgeblockt
werden müsste.
Wenn Schwierigkeiten auftauchen, achten Sie als
Erstes vor allem wieder darauf, dass Sie Nachsicht
und Geduld mit sich selbst haben. Richten Sie
dann Ihre Aufmerksamkeit auf jemanden, dem Sie
ebenso innig zugetan sind. Lernen Sie allmählich,
der Öffnung des Herzens zu vertrauen. Sie werden
sich mit der Zeit mehr und mehr in der Lage
fühlen, offen gegenüber allem zu sein, was Ihnen
im Leben begegnet. Wann immer Ihnen das Leid
der Welt begegnet und zu Herzen geht, nehmen
Sie sich die Zeit und kehren zum Mitgefühl
zurück.

Meditation der Dankbarkeit und Freude

Wenn es uns nicht gelingt,
trotz all unserer Probleme glücklich zu sein,
wozu taugt dann unsere Geistesübung?

Maha Ghosananda

Die buddhistischen Mönche sagen jeden Morgen als Erstes Dank für ihr günstiges, segensreiches Leben. Und die Ältesten der amerikanischen Ureinwohner beginnen ihre Zeremonien stets mit Gebeten, in denen sie der Mutter Erde und dem Vater Himmel danken. Auch richten sie stets ihren Dank an die vier Himmelsrichtungen, an die Tiere, an die Pflanzen und an die Brüder und Schwestern des Mineralienreiches, die die Erde mitbewohnen und uns am Leben erhalten. In Tibet sind die Mönche und Nonnen sogar für ihre Leidensmöglichkeit dankbar. Sie bitten im Gebet:
»Gib mir genügend Leid, damit ich möglichst viel Mitgefühl und Weisheit in mir erwecke.«
Das Ziel des religiösen Lebens ist es, dass man trotz aller Widrigkeiten zu heiterer Gegenwärtigkeit, zu einem mildtätigen und mitfühlenden Herzens erwacht.

Dankbarkeit besteht in der freudigen Anerkennung all dessen, was uns erhält, durch sie verbeugen wir uns vor den großen und kleinen Segnungen des Lebens. Mit ihr würdigen wir all die glücklichen Fügungen, die für unser augenblickliches Dasein sorgen. Wir haben so viel Grund zur Dankbarkeit.

Dankbarkeit stärkt unser Selbstvertrauen. Durch sie werden wir lebensfroher. Sie gibt uns jene Kraft, die auch das Gras durch jede Pflasterritze sprießen lässt.

Dankbarkeit macht glücklich. Sie hat nichts mit Sentimentalität zu tun, nichts mit Eifersucht und Folgsamkeit. Dankbarkeit neidet und vergleicht nichts. Dankbarkeit empfängt die unzähligen Wunder des Am-Leben-Seins, vertraut auf die Gaben von Regen und Sonnenschein, auf die ganze Fruchtbarkeit der Erde.

Mit zunehmender Dankbarkeit wächst auch die Freude. Es gelingt uns mehr und mehr, unser eigenes Glück auszukosten und das der anderen zu würdigen.

Zur Offenheit gehört spontane Freude. Sie hat keine Angst vor dem Vergnügen. Dem freimütigen Herzen erscheint die Würdigung des eigenen Lebensglücks nicht als Untreue gegenüber dem Leid in der Welt.

Wie die Dankbarkeit führt auch die Freude zu tiefer Zufriedenheit. Man freut sich seines Lebens, des schönen Wetters, der Bäume, der kleinen Freundlichkeiten und der geliebten Menschen. Und schließlich entdeckt man in all der zunehmenden Freude ein grundloses Glück.

Wie ein unschuldiges Kind ohne eigenes Zutun glücklich ist, können auch wir uns des Lebens freuen und es als solches genießen.

Suchen Sie sich einen Platz, an dem Sie ungestört sind. Entspannen Sie sich und atmen Sie leichten Herzens ruhig und gleichmäßig. Beginnen Sie die Praxis der Dankbarkeit mit dem Gefühl für die vielen Jahre, die Sie für sich gesorgt haben. Erinnern Sie sich nun an all die Hilfen, die Sie dabei erfahren haben, und würdigen Sie sie im Einzelnen:

Ich danke den Menschen, den Tieren,
den Pflanzen, allen Wesen, und seien Sie
noch so winzig, in der Luft, im Feuer,
zu Wasser und zu Lande, durch deren
freudigen Eifer mein Leben gesegnet ist.
Ich bin dankbar für die Unterstützung und die
Geborgenheit, die ich erfahren habe.
Ich bin dankbar für die Wohltaten, die mir diese
Erde erwiesen hat.
Ich bin dankbar für das Maß an Gesundheit,
das mir zuteil wurde.
Ich bin dankbar für die Familie und die Freunde,
die mir zuteil wurden.
Ich bin dankbar für die Gemeinschaft, der ich
angehöre.
Ich bin dankbar für die Lehren und Lektionen,
die mir erteilt wurden.
Ich bin dankbar für das Leben, das ich erhalten
habe.

Nachdem wir so für unser Glück gedankt haben, können wir dasselbe auch für das Glück anderer tun.
Atmen Sie ruhig und gleichmäßig weiter. Denken Sie zunächst an jemanden, für den Sie sich gerne freuen. Machen Sie sich die Freude bewusst,

die Ihnen das Wohlergehen, das Glück und
der Erfolg dieses Menschen bereiten.
Bringen Sie mit jedem Atemzug Ihre innigen
Wünsche für ihn zum Ausdruck:

Mögest du dich freuen.
Möge dein Glück zunehmen.
Mögest du nicht vom großen Glück getrennt sein.
Mögen deine Freude und die Ursachen deines
  Glücks zunehmen.

Spüren Sie bei jedem Satz, wie Sie am Wohlergehen des anderen teilhaben und sich mitfreuen. Wenn Sie darin einige Sicherheit gewonnen haben, können Sie einen Schritt weiter gehen und sich einer anderen Person zuwenden, die Ihnen ebenfalls wichtig ist. Schaffen Sie sich erneut Raum zur Mitfreude, indem Sie dieselben einfachen Sätze sprechen.
Erweitern Sie die Übung Schritt für Schritt, sodass Sie sich schließlich auch entferntere Menschen vergegenwärtigen, solche, denen gegenüber Sie neutral eingestellt sind, und solche, mit denen Sie Schwierigkeiten haben, und sogar Ihre Feinde – bis Sie am Ende Ihre Freude mit allen Wesen teilen, jungen wie alten, nahen wie fernen.

Frieden

Der menschliche Verstand kann Konflikte erschaffen.
Er kann aber auch Frieden stiften.
Um Frieden in der Welt zu finden,
müsssen wir Frieden in uns selbst finden.

Es gibt kein größeres Glück
als Frieden.
Buddha

Es gibt in jedem von uns eine
   Stille, so grenzenlos wie das Universum.
   Wir sehnen uns nach ihr.
   Wir können zu ihr zurückkehren.

Damit es Frieden auf der Welt gibt,
dürfen Leid und Unrecht,
dürfen Krieg, Gewalt,
Rassismus und Gier
nicht ignoriert werden.

Ihnen muss mutig und mitfühlend
Einhalt geboten und widerstanden werden.
Ohne die Pflege der Gerechtigkeit
wird kein Frieden
zustande kommen.

Wir dürfen uns
niemals den Mächten
des Kriegs, der Gewalt und
der Angst ergeben.

Nur wer selbst gelassen ist,
kann dort für Ruhe sorgen,
wo er ist.

———

Wenn überfüllte Flüchtlingsboote in ein Unwetter
geraten oder auf Piraten stoßen, würde
eine Panik an Bord für alle das Ende bedeuten.
Aber es genügt schon, wenn eine Person
die Ruhe bewahrt. An ihr können sich die anderen
ein Vorbild nehmen.

Thich Nhat Hanh

Manche Menschen entdecken, dass sie
ihre Negativität zügeln und duldsam werden
können wie die Erde,
standhaft wie eine Säule in den Bränden
der Wut und der Angst,
ruhig und klar wie ein spiegelglatter See.

Dhammapada

Gleichmut und Ausgeglichenheit
sind Friedensbringer.
Ausgeglichenheit erlaubt Flexibilität,
sie macht auf segensreiche Weise
anpassungsfähig.
Gleichmut bedeutet, dass man die Dinge
so nimmt, wie sie sind.

Wenn du von Höhen und Tiefen ausgehst, wird
sehr viel mehr Ruhe in dein Leben einkehren.

Lama Yeshe

Dem Wunder und Rätsel des Lebens lässt sich
nur dadurch näher kommen, dass man die
menschliche Natur in ihrer Großartigkeit und
Schrecklichkeit gleichermaßen anerkennt,
dass man sie also so akzeptiert, wie sie ist,
und nicht verändern will, was sich nicht
ändern lässt. Diejenigen, die meinen, sie seien
in der Lage, ein schmerz- und leidfreies,
ewiges Universum zu erschaffen, sind noch weit
von der Erleuchtung entfernt.
Wer den Menschen wirklich einen Dienst
erweisen will, muss aufzeigen, wie es sich in
der Welt leben lässt. Und das kann keiner,
der nicht selbst von der Süße des Schmerzes
und der Bitterkeit der Freude gekostet hat.

Joseph Campbell

Lob und Tadel
Erfolg und Misserfolg
Freud und Leid
Ruhm und schlechter Ruf
sind die acht weltlichen Winde,
die ständig wechseln.

Wie ein Berg dem Sturm standhält,
bleibt das Herz eines weisen
Menschen gefasst
trotz aller Wechselfälle des Lebens.

Buddha

Wenn das Herz Freude und Schmerz zulässt,
kann es mitfühlend und klug
zugleich sein.

Wir können durch die finsterste Nacht gehen,
wenn wir die Gewissheit haben,
dass alles gut wird.

Martin Luther King Jr.

Frieden bedeutet nicht die Abwesenheit
von Schwierigkeiten oder Wechselfällen im Leben.
Er darf nicht mit den Formen der Gleichgültigkeit
verwechselt werden.
Teilnahmslosigkeit und Desinteresse täuschen
Friedlichkeit vor, beruhen aber auf Angst.
Wir müssen sie als das erkennen, was sie sind.

Sich entziehen entfernt uns von der Verbundenheit,
der Offenheit, der Liebe.
Wer aus Angst Gefühle zurückhält,
läuft vor dem Leben davon.
Solche Sicherheit ist trügerisch.
Sich entziehen hat mit echtem inneren Frieden
nichts zu tun.

Gleichgültigkeit scheint zwar für Frieden
zu sorgen, aber ihre Stille ist in Wirklichkeit
ein Ausdruck der Resignation.
Diese Art Rückzug wird von einer subtilen
Lebensangst genährt. Wir glauben,
uns durch solche Entsagung in Sicherheit
zu bringen. Doch sie führt zu Mutlosigkeit.
Es ist eine versteckte Abwehr.

Innerer Frieden bedeutet nicht,
seine Gefühle aufzugeben,
sondern Offenheit gegenüber der
sich ständig wandelnden Natur.

Durch Gleichmut können wir den Dingen
angemessen begegnen,
ohne sie kontrollieren zu müssen.

Auch wenn wir anderen gegenüber Mitgefühl
haben und uns aufrichtig bemühen,
das Leid in der Welt zu verringern,
bleiben wir in vielen Situationen machtlos.
Im Gebet für die Gelassenheit heißt es dazu:
»Möge ich die Gelassenheit haben,
Dinge hinzunehmen, die ich nicht ändern kann,
den Mut, Dinge zu ändern, die ich ändern kann,
und die Weisheit, das eine vom anderen
zu unterscheiden.«

Gelassenheit ist keine Untätigkeit.
Manchmal ist entschiedener Widerstand
nötig.

Wer zu seiner Mitte gefunden hat,
kann antworten, statt reagieren zu müssen.
Unbewusste Reaktionen schaffen Probleme.
Überlegte Antworten bringen Frieden.
Ein friedliches Herz kann mit allem
klug umgehen.

Friedfertigkeit ist keine Schwäche;
sie fußt auf Ausdauer.

Ein zu strenges Ergreifen der weltlichen Dinge
bedingt Anhaftung.

Hält man an ihnen nur nach eigenem
Gutdünken fest, führt das zu Ärger.

Das Unverständnis für den notwendigen Wandel
verwirrt den Geist.

Begegne dieser vergänglichen Welt
weder gierig noch furchtsam,
vertraue dem sich entfaltenden Leben,
und du wirst wahre Gelassenheit erlangen.

Bhagavad Gita

Echter Seelenfrieden speist sich aus der Erkenntnis,
dass alle Lebensphasen Respekt verdienen.
Wir lernen durch diese Achtsamkeit,
den Dingen als solchen zu vertrauen
und offen mit ihnen umzugehen,
um bereitwillig das auferlegte Maß an Freude
und Leid anzunehmen.

Ein Teelöffel voll Salz
in einem Glas Wasser
schmeckt sehr salzig.
Gibt man dieselbe Menge
in einen sauberen See,
schmeckt sein Wasser
immer noch rein.

Frieden tritt ein,
wenn wir so offen sind wie der Himmel
und so weit wie das Meer.

Denke nicht,
 dass Frieden für dich nicht möglich ist.

Ich halte mich für einen ganz normalen Menschen
mit einer durchschnittlichen Begabung,
mehr nicht. Was ich erreicht habe,
können jeder Mann und jede Frau erreichen,
solange sie sich dasselbe Ziel setzen
und sich genauso anstrengen wie ich.
Davon bin ich fest überzeugt.

Gandhi

Um Frieden zu finden,
muss man seine Selbstbekämpfung einstellen
und aufhören, das Leben zu bekriegen.

Wir Menschen wehren uns stets dagegen,
dass wir so vielen Dingen ausgeliefert sind,
die nicht in unserer Hand liegen,
und kämpfen darum, diesem Umstand
zu entkommen. Aber anstatt ihm zu entkommen,
schaffen wir nur immer weiteres Leid,
indem wir das Böse bekriegen,
für das Gute kämpfen, Feldzüge führen
gegen das Falsche und für das Richtige,
gegen zu Kleines, zu Großes, zu Kurzes
oder zu Langes, und unerschrocken
die Schlacht fortsetzen.

Ajahn Chah

Lass dir Freiraum zum Atmen und Vertrauen.
Das Herz erwacht nur durch mutiges Loslassen.
Das ist die Tugend der Ungewissheit.

Garantierte Sicherheit ist ein Aberglaube.
Es gibt sie weder in der Natur
noch in irgendeiner Kultur.
Letzten Endes ist es genauso gefährlich,
der Gefahr grundsätzlich auszuweichen,
als sich ihr grundsätzlich auszusetzen.
Das Leben ist entweder ein gewagtes Abenteuer
oder gar nichts.

Helen Keller

Im letzten Jahrhundert stattete ein amerikanischer
Tourist einem bekannten polnischen Rabbi,
Chajim Hofetz, einen Besuch ab.
Als er sah, dass der Rabbi nur ein einfaches,
mit Büchern voll gestopftes Zimmer bewohnte,
plus einem Tisch und einer Bank,
staunte er nicht schlecht.
»Rabbi«, fragte der Tourist, »wo sind denn
deine Möbel?«
»Wo sind denn deine?«, antwortete
Chajim Hofetz.
»Meine?«, fragte der Amerikaner verdutzt.
»Aber ich bin auf der Durchreise.«
»Ich auch«, sagte der Rabbi, »ich auch.«

Geschichten der Chassidim

Frieden verlangt nach der Aufgabe unserer
illusionären Besitzansprüche.
Wir können lieben und für andere sorgen,
aber wir können unsere Kinder und Partner,
unsere Freunde und Verwandten nicht besitzen.
Wir können ihnen helfen, für sie beten und
an ihrem Wohlergehen interessiert sein,
aber letztlich hängen ihr Glück und Unglück
von ihren Gedanken und Handlungen ab
und nicht von unseren Wünschen.

Aus dem Gleichgewicht geraten kann auch der,
der zu viel Gutes tut.

Wenn man sich in einer Vielzahl
widersprüchlicher Vorhaben verliert,
sich zu viele Aufgaben stellt,
zu viele Projekte fördert und überall
eine Hilfe sein will,
hat man sich dem Diktat der heutigen Zeit
ausgeliefert.

Thomas Merton

Wahr ist,
dass jeder Weg Schwierigkeiten birgt.

In den Worten von Toni Murden,
der ersten Frau, die alleine über den Atlantischen
Ozean gerudert ist:

Wenn du die schreckliche Angst kennst,
die dich ganz allein im Dunkeln
auf offener See befällt,
bekommst du auch ein Gefühl für die Ängste
anderer Menschen.
Ich habe meine Angst überwunden,
als ich tatsächlich übers Meer gerudert bin.
Andere Menschen haben anderswo
genauso viel durchzustehen.

Können wir dem aufrichtig zustimmen?

Der Herr gibt und
der Herr nimmt.

Der Prediger Salomo erinnert uns:

Alles hat seine Zeit, alles unter dem Himmel
geht vorüber nach seiner Zeit.
Geboren werden hat seine Zeit und
Sterben hat seine Zeit,
Pflanzen hat seine Zeit und Ausreißen hat
seine Zeit.
Töten hat seine Zeit und Heilen hat seine Zeit,
Einreißen hat seine Zeit und Aufbauen hat
seine Zeit.
Weinen hat seine Zeit und Lachen hat seine Zeit,
Klagen hat seine Zeit und Tanzen hat seine Zeit.

Genauso lehrt uns das Tao:

Es gibt Zeiten des Vorsprungs
und Zeiten des Nachholens;
Zeiten des Tuns
und Zeiten der Ruhe;
Zeiten der Stärke
und Zeiten der Erschöpfung;
Zeiten der Sicherheit
und Zeiten der Gefahr.

Der Berufene sieht die Dinge, wie sie sind,
ohne sie beherrschen zu wollen.
Er lässt ihnen ihren Lauf
und weilt in ihrer Mitte.

Die Dinge loszulassen bedeutet nicht,
sie loszuwerden.

Sie loslassen bedeutet,
dass man sie sein lässt.

Wenn man sie aus Mitgefühl sein lässt,
kommen und gehen die Dinge
von selbst.

Wir können unser Tun bestimmen,
aber nicht den Erfolg.

Das Geheimnis der menschlichen Freiheit
liegt im Üben der Tugend,
ohne am Ergebnis zu haften.

Bhagavad Gita

Wenn wir uns selbst überwinden,
entsteht Neues.

Der Same sieht nie die Blüte.
Aus den Lehren des Zen

Ohne logisches Denkvermögen
werden aus Befürchtungen
riesige, unnötige Probleme.

Mein Leben wurde ständig von Missgeschicken
bedroht – von denen die meisten niemals
stattfanden.

Mark Twain

Wir wissen, dass das Leben wechselhaft ist.
Auch wenn die äußeren Umstände schwierig sind,
liegt es an uns,
ob wir uns die Ruhe rauben lassen.

Die meisten Menschen halten den Geist
für einen Spiegel, der die äußere Welt mehr
oder weniger exakt wiedergibt,
sie erkennen nicht, dass der Geist
im Gegenteil der schöpferische Urgrund ist.

Rabindranath Tagore

Der Geist bedingt
die weltlichen Verstrickungen
und seine Befreiung daraus.

Dennoch ist nicht viel dabei –
es sind nur Gedanken.

Sobald wir erkennen,
dass die Gedanken leer sind,
vermag uns der Geist nicht mehr
zu täuschen.
Khyentse Rinpoche

Wir können uns in unseren Gedanken und
Ängsten verlieren
oder wir können uns darauf besinnen,
zu atmen,
das Herz weicher werden zu lassen und
Vertrauen zu schöpfen.

Manchmal ergehe ich mich in Selbstmitleid
und doch geleiten mich die großen Winde
zur anderen Seite des Himmels.

Ojibwa-Indianer

Wir können den Dingen den Kampf ansagen.
und dabei andere oder uns selbst
beschuldigen und richten.
Oder wir können das Unabwendbare annehmen
und uns offen und ehrlich
der Wahrheit stellen.
Dann kehrt Frieden ins Herz ein.

Wollen wir uns weiter verrennen
und um uns fürchten?
Oder wollen wir loslassen und in Güte weilen,
dort, wo wir sind?

Die Kunst des Lebens ... besteht weder im
sorglosen Dahintreiben noch im ängstlichen
Festhalten an der Vergangenheit.
Sie gründet in einer Aufgeschlossenheit,
die jeden Augenblick als solchen würdigt,
in einer Weltoffenheit, die nur der Vernunft
verpflichtet ist.

Alan Watts

Das Leben im Hier und Jetzt erfordert Übung:
Damit man nicht mehr sieht, als es zu sehen gibt,
nicht mehr hört, als es zu hören gibt,
nicht mehr empfindet, als es zu empfinden gibt,
nicht mehr denkt, als zu denken da ist.
Dann hat das Leid ein Ende.

Buddha

Was bräuchte jetzt unser Mitgefühl,
damit wir Ruhe finden?

Was müssten wir jetzt loslassen,
damit wir Ruhe haben?

Wir können wie ein Zugreisender
unser Gepäck ablegen.
Wir können unseren Griff lockern
und dem sich entfaltenden Leben vertrauen.

Nur keine Angst.
Wir sind in ein Lebensnetz hineingeboren,
aus dem wir nicht herausfallen können.

Wir stecken in einem Geflecht einer
unauflösbaren Gegenseitigkeit,
in einem einzigartigen Schicksalsgewand.

Martin Luther King Jr.

Mag der Beitrag eines jeden auch gering sein,
hat er doch für das Ganze eine Bedeutung.

»Kannst du mir sagen,
wie viel eine Schneeflocke wiegt?«,
fragte eine Kohlmeise eine Wildtaube.
»Ein Nicht von einem Nichts«,
antwortete sie.
»Da muss ich dir etwas Erstaunliches erzählen«,
sagte die Kohlmeise.
»Ich saß auf einem Tannenzweig, nahe am Stamm,
als es zu schneien anfing, nicht heftig,
es war kein Schneesturm,
nein, so leise wie ein Traum.
Da ich nichts Besseres zu tun hatte,
zählte ich die Schneeflocken,
die auf den Zweigen und Nadeln meines Astes
hängen blieben. Ich kam bis zu 3.741.952.
Als die nächste Schneeflocke
auf den Ast fiel – ein Nichts von einem Nichts,
wie du gesagt hast –, brach der Ast ab.«
Nachdem sie das gesagt hatte,
flog die Kohlmeise davon.

Die Taube, seit Noahs Zeiten eine Verkünderin des Neuen, dachte über die Geschichte nach und sagte schließlich zu sich:
»Vielleicht fehlt nur noch eine einzige Stimme, damit es Frieden auf der Welt gibt.«

Kurt Kauter

Obwohl ich keinesfalls an Wunderpflanzen glaube,
die ohne Samen sprießen sollen,
habe ich doch größtes Vertrauen in den Samen.
Überzeuge mich von seiner Existenz und
ich bin bereit, ein Wunder zu erwarten.

Henry David Thoreau

Wir dürfen unsere Saat ausbringen
und vertrauen.
Dadurch finden wir zu unserer Mitte.

Oh Menschenkind ...
säe dein Mitgefühl
in die offene Weite deiner Achtsamkeit,
die alle Dinge birgt.
Sei hier in der ewigen Gegenwart.
Lass sie deine Wohnstätte sein,
deine sichere Heimat.

Beim Stierkampf gibt es in der Arena
nur einen Platz, auf dem sich der Stier sicher fühlt.
Wenn er ihn erreicht, bleibt er stehen,
um seine Kräfte zu sammeln. Dann hat er keine
Angst mehr ... Der Matador muss also diesen
heiligen Ort der Sammlung schneller herausfinden
als der Stier und ihn davon fern halten.
Dieser Zufluchtsort des Stiers heißt *querencia*.
Die Menschen haben ihren Zufluchtsort
im Innern ... Wenn die Zuschauer sich sammeln
und wie gebannt den Matador verfolgen,
finden sie in dieser ruhigen Aufmerksamkeit
zu ihrer *querencia*.
Sie kommen zur Besinnung.

Rachel Naomi Remen

Gleichmut ermöglicht Klarsicht.

Wenn wir in unserer Gelassenheit tief sind
wie stille Wasser, ziehen wir die Wesen an,
weil sie sich in uns spiegeln können
und sie so für einen Augenblick ihr Leben
klarer sehen und vielleicht sogar intensiver
spüren können als sonst.

William Butler Yeats

Aus dieser stillen Mitte heraus
kann man an allem teilnehmen
und doch frei bleiben.

Ein weiser Mensch schwitzt und schnauft
wie eine ganz gewöhnliche Person.
Doch hält er seine Torheit im Zaum.

Don Juan

Eine Geschichte aus dem Zen:
Während eines Bürgerkriegs in Korea zog einmal ein General mit seinen Truppen durch eine Provinz nach der anderen und metzelte nieder, was ihm in den Weg kam. Als die Einwohner einer Stadt, die von seinen Grausamkeiten schon gehört hatten, erfuhren, dass er nahte, flohen sie alle in die Berge. Der General zog mit seinen Truppen in die leere Stadt ein und ließ sie durchsuchen. Schließlich meldeten ihm die Soldaten, sie hätten nur eine einzige Person angetroffen, einen Zen-Priester. Der General ging zum Tempel hinüber, trat ein, zog sein Schwert und sagte: »Weißt du nicht, wer ich bin? Ich bin der, der dich ohne mit der Wimper zu zucken erstechen wird.«
Der Zen-Meister sah ihn ruhig an und antwortete: »Und ich, Sir, bin der, der sich ohne mit der Wimper zu zucken erstechen lassen wird.«
Als der General das hörte, verbeugte er sich und ging.

Weisheit erlangen wir
wenn wir die Dinge mit Weitblick betrachten.
Unser Leben ist eingebettet in
unermessliche galaktische Zeiträume.
Wir kreisen mit den Sternen
durch Licht und Dunkelheit,
Geburt und Tod,
Freude und Leid.

Vergegenwärtige dir Folgendes:
Zuerst warst du noch nicht empfangen,
dann im Mutterleib, dann jung, dann alt
und nach deinem Tod wieder in der Welt
jenseits des Grabes.
Jetzt versuche dir das alles auf einmal vor Augen
zu halten, alle Zeiten und Orte, und erweitere
dies auf alles Zeitliche und Räumliche,
und du hast einen ersten Begriff göttlichen Sehens.

Hermes Trismegistos

Das Leben wird in übertragener Bedeutung
zum Spiel.

~~

Du bist acht Jahre alt. Es ist Sonntagabend.
Du darfst ausnahmsweise eine Stunde länger
aufbleiben.
Die Brüder spielen Monopoly und lassen dich
erstmals mitspielen.
Du kommst auf keinen grünen Zweig. Du verlierst
andauernd. Dir verkrampft sich vor Angst der
Magen ... Der Geldstapel vor dir schwindet dahin.
Deine Brüder schnappen dir alle Häuser weg.
Die letzte Straße ist verkauft. Du hast gar nichts.
Du hast verloren.
Und plötzlich erkennst du, dass alles nur
ein Spiel ist. Du springst vor Freude auf und wirfst
aus Versehen die Lampe um. Sie fällt auf den
Boden hinunter und reißt die Teekanne mit.
Die anderen schimpfen, aber du gehst lachend
die Treppe hinauf.
Du hast das Glück des Nichtsseins und
Nichtshabens erfahren. Und diese Erkenntnis
war unglaublich befreiend.

Janwillem van de Wetering

Bei allem Auf und Ab lässt sich ruhig
Atem schöpfen.
Wir können jederzeit in der
Gegenwart verweilen.
Was auch geschehen mag, das ewige Jetzt
ist unser Zuhause.

Dies verdeutlicht ein
wunderbares Bild.
Etwa dreißig Meter vom Strand entfernt
treibt ein Enterich auf dem Atlantik.
Ihm können die heranrollenden Wellen
nichts anhaben,
er hebt und senkt sich mit ihnen.
Er ruht im Atlantik,
weil er ein Teil von ihm ist.
Er *weiß* wahrscheinlich nichts
von der Weite des Ozeans.
Und du wahrscheinlich auch nicht.
Aber er *erfährt* sie.
Und wie macht er das?

Er schwimmt und mehr nicht,
als sei dieser Augenblick die Ewigkeit –
was er auch ist.
Das ist Religion, und der Enterich lebt sie.
Wie steht es mit dir?

Donald C. Babcock

Nach buddhistischer Lehre sollten wir
diese flüchtige Welt sehen als:

Einen Stern in der Morgendämmerung
Einen Blitz im Sommergewitter
Ein Echo
Einen Regenbogen
Ein Phantom
Einen Traum.

Diamant-Sutra

Wenn wir uns der Vergänglichkeit
unseres Lebens bewusst sind,
wird das Leben um so wertvoller:
der Sonnenuntergang in seiner Farbenpracht
der Ahornbaum im Herbst,
der Blick eines geliebten Menschen.

Es gibt nur eine Welt, die Welt,
die dich in diesem Augenblick umgibt.
Es gibt nur einen Augenblick, den Augenblick,
den du jetzt erfährst. Die einzige Möglichkeit,
am Leben teilzuhaben, besteht darin,
jeden Augenblick als unwiederholbares Wunder
anzunehmen.

Storm Jameson

Wenn wir dort, wo wir sind,
   auch wahrhaftig anwesend sind,
   stiften wir Frieden.

Sie, die im Tao weilt,
kann gefahrlos gehen, wohin sie will.
Sie nimmt selbst inmitten großen Leids
die universelle Harmonie wahr,
weil sie in ihrem Herzen Frieden gefunden hat.

Tao te king

Setzt euch unerschrocken für den Frieden ein,
lehrt den Frieden und seid friedfertig ...
Der Frieden wird das letzte Wort
in der Geschichte haben.

Johannes Paul II.

Und alles ist gut, so,
   wie es ist,
   alles ist in sich vollkommen.

Juliana von Norwich

Meditation der Friedfertigkeit und des Gleichmuts

Um Friedfertigkeit und Gleichmut zu üben, setzen Sie sich einfach bequem hin und schließen die Augen. Achten Sie zunächst auf Ihre Atmung, bis Sie körperlich und geistig zur Ruhe gekommen sind. Denken Sie eine Weile über den Wert von Ausgeglichenheit und Gelassenheit nach, wie segensreich eine friedliche Geistesverfassung sein kann. Spüren Sie dieser Erfahrung in sich nach und sagen Sie sich während der Atmung die folgenden Sätze:

Ich atme ein und komme körperlich zur Ruhe.
Ich atme aus und komme geistig zur Ruhe.
Möge ich ausgeglichen sein.
Möge ich friedfertig sein.

Wiederholen Sie diese Sätze so lange, bis Sie ein gutes Maß an Entspannung erreicht haben.

Beginnen Sie dann damit, dieses Gefühl der Ruhe
in großherzige Gelassenheit umzuwandeln.
Halten Sie sich vor Augen, dass die Dinge werden
und vergehen: Freude, Leid, angenehme und
unangenehme Ereignisse, Menschen, Gebäude,
Tiere, Nationen, sogar ganze Zivilisationen.
Bewahren Sie dabei Ihre Neutralität.

*Möge ich lernen, allem Werden und Vergehen
ruhig und gleichmütig zu begegnen.
Möge ich offen, gelassen und friedfertig sein.*

Wenn sich ein gutes Maß an Gelassenheit
eingestellt hat, beginnen Sie damit, sich der Reihe
nach geliebte Menschen zu vergegenwärtigen.
Rezitieren Sie dieselben einfachen Sätze:

*Mögest du lernen, allem Werden und Vergehen
ruhig und gleichmütig zu begegnen.
Mögest du offen, gelassen und friedfertig sein.*

Vergegenwärtigen Sie sich die geliebten Menschen
in einer friedlichen Situation. Haben Sie bei der
Wiederholung der Sätze viel Geduld und atmen
Sie gleichmäßig weiter, egal, was innerlich
auftaucht.

Wenn Ihre Gelassenheit zugenommen hat, können Sie die Meditation dann erweitern und Ihre Wohltäter einschließen. Rezitieren Sie dieselben Sätze, während Sie sich der Reihe nach Menschen vorstellen, die Ihnen geholfen haben und denen Sie Friedfertigkeit wünschen. Gehen Sie dann noch einen Schritt weiter und schließen Sie in Ihre Meditation systematisch Bekannte, Nachbarn, Menschen überall, Tiere, alle Lebewesen und die Erde ein.

Möget ihr lernen, allem Werden und Vergehen ruhig und gleichmütig zu begegnen.
Möget ihr offen, gelassen und friedfertig sein.

Zum Schluss können Sie sich ausdrücklich die Menschen vergegenwärtigen, mit denen Sie Schwierigkeiten haben, bis hin zu Ihren Feinden, und auch ihnen Gleichmut und Friedfertigkeit wünschen.

Traditionellerweise gehört zu dieser Art Reflexion unser Eingeständnis, dass alle Wesen selbst für ihr Karma verantwortlich sind. Alle Wesen empfangen die Früchte ihres Tuns. Ihr Leben wird und vergeht gemäß ihrer begangenen Handlungen.

Wir können für sie da sein und uns um sie kümmern, aber wir können weder für sie handeln noch für sie loslassen oder für sie lieben.
Die Rezitation des folgenden Satzes mag diese Einsicht erleichtern:

Dein Glück und dein Leid hängen von deinen Taten ab und nicht von meinen Wünschen.

Während ihnen so einzelne Menschen und ihre Taten vor Augen stehen, kehren sie schließlich zu folgenden schlichten Sätzen zurück:

Mögest du friedfertig sein.
Mögest du Ausgeglichenheit und Ruhe finden.
Mögest du allen weltlichen Ereignissen mitfühlend und gleichmütig begegnen.

Üben Sie dies beliebig lange und beliebig oft. Atmen Sie ruhig und tief. Und achten Sie darauf, dass Sie ganz natürlich in sich ruhen.

Weitere Übungen, die Gleichmut und
Friedfertigkeit fördern:

Die folgenden Meditationen fördern einen klaren
Geist und innere Offenheit. Sie führen zu
Weisheit, Großmut und Frieden. Probieren Sie
es selbst aus. Erfahren Sie die befreiende Kraft
dieser Visualisierungen, ihre Wegweisung
zum Frieden.

Ein ozeangleicher Geist

Entwickle einen Geist, so weit wie das Meer,
in dem angenehme und unangenehme
Erfahrungen problemlos Platz haben,
ohne zu schaden.
Bleibe geistig weit wie das Meer.

Buddha

Setzen Sie sich bequem hin, in lockerer Kleidung. Entspannen Sie sich und lassen Sie die Atmung natürlich fließen. Schließen Sie die Augen. Atmen Sie einige Male tief ein und aus. Lassen Sie sich Zeit.
Fühlen Sie nun die ozeangleiche Weite Ihres Geistes oder visualisieren Sie dies. Tauchen Sie nun ganz in ihn ein. Seien Sie wie ein Fisch im Wasser und versenken Sie sich in seine Tiefen; spüren Sie, wie Sie getragen werden und wie Sie das entspannt. Nehmen Sie nun die Stille wahr, nehmen Sie wahr, wie Geräusche, Gefühle und Gedanken in diesem Ozean auftauchen, ohne weiter zu stören, so, als wären die Gedanken und Bilder Wellen an der Oberfläche. Lassen Sie die Klänge und Gefühle wogen und sich ändern, wie sie wollen. Lassen Sie während der Meditation alles auftauchen und wieder

gehen, ohne etwas abzuweisen oder etwas festzuhalten.
Verweilen Sie in dieser friedlichen tiefen Stille.
Spüren Sie, wie Ihr ozeangleicher Geist alles ruhig und gelassen hinnimmt.
Wenn Sie sich rundum erholt fühlen, tauchen Sie langsam wieder auf und tragen Ihre Ruhe in den Alltag.

Ein spiegelgleicher Geist

Poliere den Spiegel deines Geistes –
Es gibt keinen Geist und keinen Spiegel.

Zen-Sprichwort

Machen Sie es sich im Sitzen bequem und
sammeln Sie sich im Hier und Jetzt.
Atmen Sie einige Male tief ein und aus.
Lassen Sie sich Zeit.
Vergewissern Sie sich, ob all Ihre Sinne
geschärft sind. Stellen Sie sich nun Ihren Geist
als einen Sie umfassenden großen Spiegel vor.
Er ist blitzblank, hat keine blinden Stellen,
gibt alles im makellosen Glanz wieder.
Betrachten Sie nun die in ihm auftauchenden
Bilder und Gedanken, Erfreuliches und Leidvolles,
Zukunftspläne und Erinnerungen. Alles Werten,
Festhalten und Ablehnen erübrigt sich.
Denn das ganze Spektakel der Gedanken und
Gefühle ist eine bloße Widerspiegelung,
die dem Spiegel weder schaden noch sonst
irgendetwas anhaben kann.
Schauen Sie eine Weile in den spiegelgleichen
Geist. Wenden Sie sich dann wieder ruhig und
gelassen der Außenwelt zu.

Ein universaler Geist

Entfalte einen Geist, so unermesslich
wie das Universum,
in dem angenehme und unangenehme Einsichten
Raum haben, ohne in Widerstreit zu geraten
oder zu schaden.
Sei geistig unermesslich wie das Universum.

Buddha

Setzen Sie sich bequem hin, in lockerer Kleidung.
Entspannen Sie sich und lassen Sie die Atmung
natürlich fließen. Schließen Sie die Augen,
oder, wenn sich von Ihrem Platz aus
eine Aussicht bietet, blicken Sie unangestrengt
in die Ferne. Atmen Sie einige Male tief ein
und aus. Lassen Sie sich Zeit.
Richten Sie nun Ihre Aufmerksamkeit von Ihrer
Atmung auf die Geräusche um Sie herum.
Verfolgen Sie, wie laut oder leise,
nah oder fern sie sind. Hören Sie einfach zu.
Machen Sie sich bewusst, wie alles verklingt,
ohne eine Spur zu hinterlassen.
Lauschen Sie eine Weile entspannt.

Indem Sie weiterhorchen, stellen Sie sich nun vor
oder spüren Sie, dass sich Ihr Geist nicht nur
in Ihrem Kopf befindet. Erkunden Sie
seine Offenheit und Weite, wie er in den Himmel
reicht und in die Unermesslichkeit des Alls.
Es gibt kein Innen und Außen. Ihr klarer Geist ist
umfassend. Er erstreckt sich in alle Richtungen.
Die Geräusche, die Sie hören, ereignen sich in
der offenen Weite Ihres Geistes.
Hören Sie einfach entspannt in diese offene Weite
hinein und verfolgen Sie das Zusammenspiel
der Geräusche, ihr nahes und fernes Kommen
und Gehen, als seien es Wolken, die über
den Himmel ziehen.
Während Sie dieser offenen Weite lauschen,
wird sich auch ein Kommen und Gehen von
Gedanken und Bildern bemerkbar machen.
Lassen Sie sie genauso zu wie die Klänge.
Wehren Sie sich nicht dagegen. Lassen Sie
angenehme und unangenehme Gedanken,
Bilder, Worte und Gefühle ungehindert durch
die offene Weite des Geistes ziehen,
als wären Probleme, Möglichkeiten, Erfreuliches
und Unerfreuliches nur Wolken am Firmament
des klaren Geistes.

Wenden Sie sich in dieser Geistesklarheit nun
dem Körper zu. Nehmen Sie wahr, wie sich
Atmung und Körper fortwährend anders anfühlen,
wie in der geistigen Offenheit Ihre Empfindungen
ein Fließen sind. Die Atmung gleicht einer Brise.
Der Körper hat fließende Grenzen. Manche
Stellen sind verspannt, andere locker, es gibt
warme Zonen und kalte, es drückt hier und
kribbelt dort.

Lassen Sie die Atmung wie eine Brise gehen.
Verweilen Sie in dieser geistigen Offenheit.
Nehmen Sie die Wechselhaftigkeit Ihrer
Empfindungen wahr. Lassen Sie alle Bilder und
Klänge, alle Gedanken und Gefühle wolkengleich
durch das weite Gewahrsein ziehen.

Konzentrieren Sie sich zuletzt auf das Gewahrsein
selbst. Nehmen Sie dessen klare, transparente,
zeitlose, widerspruchslose Natur wahr, die alles
zulässt, ohne dadurch eingeschränkt zu werden.
»Oh Menschenkind, erinnere dich an die
universale reine Offenheit deiner wahren Natur.
Kehre zu ihr zurück. Vertraue ihr. Sie ist dein
Zuhause.«

Möge der Segen aus diesen Worten und
Meditationen Ihnen Einsichten der Vergebung,
der Herzensgüte und des Friedens bescheren
und Ihr Mitgefühl inspirieren.

Möge es dir wohl ergehen.
Mögest du glücklich sein.
Mögest du Frieden finden.
Und möge die Welt
durch deine Herzensgüte
Frieden finden.

Shanti, shanti, shanti.
Friede.

Danksagungen

Mein Dank gilt meinen Lehrern und den Linienhaltern der Ältesten, die sich in diesen Lehren so großzügig erwiesen haben. Insbesondere verbeuge ich mich vor Maha Ghosananda, dem hochverehrten »Gandhi« Kambodschas, für seine treue Verkörperung der Herzensgüte für so viele von uns.

Die Meditationen in diesem Buch stellen traditionelle buddhistische Übungen dar. Für die Meditationen »Ein universaler Geist« und »Versenkung in das Wohlwollen« möchte ich Joseph Goldstein und Philip Moffitt jeweils ausdrücklich danken. Norman Fischer möchte ich für seine Ausführungen zur Dankbarkeit gleichfalls danken. Überhaupt möchte ich mich bei allen meinen Kollegen für ihre Anregungen bedanken.

Toni Burbank, Cheflektorin bei Bantam Books, hat diese Seiten in gewohnter Präzision klug und sachkundig überarbeitet. Ich könnte mir gar keine bessere oder hilfreichere Lektorin wünschen als sie. Ich danke auch Julie Donovan für ihr geduldiges Eintippen dieser Worte.

Wie immer habe ich von meiner Familie größte Unterstützung erfahren, von meinen Brüdern Laurence, Irv und Kenneth, von meiner bewundernswerten Frau Liana und von meiner geliebten Tochter Caroline.

Die Quellenangaben verweisen auf Geschichten, die in vielfacher Form erzählt worden sind. Es sind Geschichten, die zu unserem universalen Erbe gehören, generationenalte Überlieferungen, in der Kindheit aufgenommene, am Feuer, in heiligen Texten oder von einem verehrten Lehrer wiedererzählte Weisheiten. Sie sind fast nie »neu«. Es sind allgemein gültige Geschichten und Weisheiten.

Die Quellenangaben beziehen sich auf die aktuellen Wiedergaben dieser Texte, soweit sie mir bekannt sind, aber im Grunde befinden sich solche Geschichten im Gemeinschaftsbesitz der Menschheit. Für die hier vorliegende Gestaltung dieser kostbaren Texte danke ich den AutorInnen und ÜbersetzerInnen.

Quellenangaben

Für die teilweisen Abdruckrechte aus folgenden wertvollen Büchern sei den Autoren und Verlegern gedankt:
Zitat aus *Man's Search for Meaning* von Viktor E. Frankl. Überarbeitete Ausgabe, Washington Square Press, 1988. (*Der Mensch vor der Frage nach dem Sinn*. Eine Auswahl aus dem Gesamtwerk. Piper Verlag, München 1979, S. 171.)

Zitat aus *Owing Your Own Shadow* von Robert A. Johnson. Copyright © 1991 Robert A. Johnson. Erschienen bei HarperCollins Publishers, Inc.

Aus *The Dhammapada: Sayings of the Buddha*, übersetzt von Thomas Byron. Shambhala Publications, Inc. Boston. (Dt.: *Dhammapada. Die Grundlagen der buddhistischen Lehre*. Aus dem Amerikanischen von Ilse Fath-Engelhardt, Droemer Knaur Verlag, München 1998.)

Zitat aus *The Drama of the Gifted Child* von Alice Miller. Überarbeitete Ausgabe, Basic Books, 1996. (Dt. *Das Drama des begabten Kindes und die Suche nach dem wahren Selbst*, Neufassung 1996, Suhrkamp Verlag, Frankfurt/Main 1997.)

Aus *The Places that Scare You* von Pema Chödrön. Shambala Publications, Inc., Boston 2001.

Aus dem Sammelband *The Best of Bits and Pieces*, Autor unbekannt. Economics Press.

Zitat aus *Women and Honor: Some Notes on Lying* von Adrienne Rich. Cleis Press, 1977.

Zitat aus *The Gift: Imagination and the Erotic Life of Property* von Lewis Hyde. Vitage Books, 1983.

Aus *The Gift: Poems by Hafiz, The Great Sufi Master* von
Daniel Ladinsky. Copyright © 1999 Daniel Ladinsky.

Aus *Mortal Lessons: Notes on the Art of Surgery* von Richard
Selzer. Copyright © Richard Selzer. Houghton Mifflin Co.

Aus *The Kabir Book: 44 of the Ecstatic Poems of Kabir* von
Robert Bly. Copyright © 1971, 1977 Robert Bly. Beacon Press.

Auszüge aus dem *Tao Te Ching*, übersetzt von Stephen
Mitchell. Copyright © 1988 Stephen Mitchell. HarperCollins
Publishers, Inc.

Aus *A Glimpse of Nothingness: Experiences in an American
Zen Community* von Janwillem van de Wetering. St. Martin's
Press.

Einheitsübersetzung der Heiligen Schrift (1. Korinter 13, 1-2),
Pattloch Verlag, München 1980.

Zitat des Predigers Salomo aus *Die Heilige Schrift des AT und
NT,* übesetzt von Augustin Arndt, S.J., 6. Auflage 1914.

Der Autor

Foto: © Butch Karoli

Jack Kornfield ist promovierter Psychologe und Psychotherapeut, war Mönch in Thailand, Burma und Indien und lehrt seit 1974 weltweit Meditation. Er zählt zu den anerkanntesten Vermittlern von buddhistischem Gedankengut für den westlichen Alltag und ist erfolgreicher Autor.

Bei Kösel sind erschienen: *Frag den Buddha – und geh den Weg des Herzens* (1995) und *Das Tor des Erwachens. Wie Erleuchtung das tägliche Leben verändert* (2001).

Jack Kornfield lebt mit seiner Familie in Kalifornien und gründete dort die *Insight Meditation Society* und das *Spirit Rock Center* (www.spiritrock.org.).

*Wenn das
achtsame Herz
weise wird*

Jack Kornfield
DAS TOR DES ERWACHENS
Wie Erleuchtung das
tägliche Leben verändert
366 Seiten. Gebunden
mit Schutzumschlag
ISBN 3-466-34438-7

Grenzenlose Freude und Freiheit, Einheit mit dem Göttlichen: Erleuchtungserfahrungen treten häufiger auf, als man denkt, und sie liegen ganz nah. Es kommt jedoch darauf an, die erlebte Offenbarung im täglichen Leben umzusetzen, denn Erleuchtung ist kein Ruhestand! Dieses Buch erzählt, wie dieser Weg beschritten werden kann, und lässt teilhaben an Erfahrungen und Einsichten aus unterschiedlichen spirituellen Traditionen.

Kompetent & lebendig.
PSYCHOLOGIE & LEBENSHILFE

Kösel-Verlag, München, e-mail: info@koesel.de
Besuchen Sie uns im Internet: www.koesel.de

Mit Weisheit und Mitgefühl leben

Jack Kornfield
FRAG DEN BUDDHA – UND GEH DEN WEG DES HERZENS
407 Seiten. Gebunden mit Schutzumschlag
ISBN 3-466-34338-0

Jack Kornfield schöpft aus den wunderbaren Lehren der buddhistischen Tradition und bringt auf einzigartige Weise fernöstliche Weisheit mit dem westlichen Alltag in Einklang. Sein Buch lädt zu einer inneren Reise ein und ist geschrieben mit der Heiterkeit des Herzens. Eine Fülle von Meditationen zu verschiedenen Lebensthemen führt zu mehr Verständnis für sich selbst und andere.

Kompetent & lebendig.
PSYCHOLOGIE & LEBENSHILFE

Kösel-Verlag, München, e-mail: info@koesel.de
Besuchen Sie uns im Internet: www.koesel.de